Sauerland

Bernhard Pollmann

Sauerland

50 ausgewählte Wanderungen im Rothaargebirge,
im Ebbegebirge, im Lennegebirge und im Arnsberger Wald

Mit 68 Farbfotos,
50 topographischen Wanderkärtchen im Maßstab 1:50.000 / 1:100.000
sowie vier Übersichtskärtchen im Maßstab 1:500.000

BERGVERLAG RUDOLF ROTHER GMBH • MÜNCHEN

Umschlagbild:
Blick vom Feldstein, dem höchsten der Bruchhauser Steine, auf Olsberg.

Bild gegenüber dem Titel (Seite 2): An den Albaumer Klippen.

Sämtliche Fotos stammen von Bernhard Pollmann.

Kartographie:
Wanderkärtchen im Maßstab 1:50.000 und 1:100.000
sowie Übersichtskarte im Maßstab 1:1.000.000
© Bergverlag Rudolf Rother GmbH, München
(gezeichnet von Kartographie Christian Rolle, Holzkirchen)
Übersichtskärtchen im Maßstab 1:500.000
© Freytag&Berndt, Wien

2. Auflage 1999

ISBN 3-7633-4038-6

Bergverlag Rother · Haidgraben 3 · D-85521 Ottobrunn
Tel. (089) 608669-0 · Fax (089) 60866969
Internet www.rother.de · E-mail leserzuschrift@rother.de

Vorwort

Dieser Führer erschließt in 50 Wanderungen die aussichtsreichsten und markantesten Höhen sowie die schönsten Naturperlen, Täler und Seen im »Land der 1000 Berge«. Das Sauerland ist das höchste Mittelgebirge zwischen Rhein und Weser. Mit einer Fläche von fast 4000 km^2 – doppelt so groß wie etwa der Harz – ist es zugleich die größte Bergbastion, die das Rheinische Schiefergebirge dem Norddeutschen Tiefland entgegenstemmt. Die höchsten Berge erheben sich zwischen den international bekannten Wintersportorten Winterberg und Willingen / Upland, darunter der aussichtsreiche Kahle Asten und der heidebedeckte Quellberg der Lenne.
Die wandertouristische Infrastruktur einschließlich Ausschilderung und Markierung läßt im Sauerland nichts zu wünschen übrig, insgesamt bieten sich Tourenmöglichkeiten für alle Ansprüche. So stellt dieser Führer Ziele wie Kahler Asten, Schomberg, Möhnesee, Biggesee oder Kindelsberg in leichten Wanderungen ebenso vor wie Touren, die festes Schuhwerk, Proviant im Rucksack und Ausdauer verlangen. Eine Auswahl also für jede Kondition und für jedes Wetter: Der Spaziergang durch das faszinierende Felsenmeer ist ebenso vertreten wie die Wanderung über die höchsten Berge des Sauerlandes und die Fasttrekkingtour über die Siegerlandhöhen. Und wer Wandervorschläge kombiniert, kann vom Jagdberg über den Rothaarkamm zum Kahlen Asten wandern – 70 km ohne retour. Da das Sauerland zudem ein bedeutendes Wintersport- und Loipengebiet ist, verzeichnet der Führer auch Skiwanderwege und Loipen.
Ob die Felsbastionen der Bruchhauser Steine, die Buchendome der Homert oder die Bergheiden und Waldkuppen des Rothaargebirges, ob die wilden Moore des Ebbe oder die verschneiten Hänge der Hunau – für alle, die wandernd Ruhe und Kraft in der Natur suchen, bildet das Sauerland ein zauberhaftes Umfeld. Dabei geht es auch darum, die Schönheit und Wunder des Sauerlandes zu schützen. Grundvoraussetzung für alle Wanderungen ist die Achtung vor der Natur.

Emden, Frühjahr 1999 — Bernhard Pollmann

Inhaltsverzeichnis

Wandern im Sauerland

Höchstes Gebirge zwischen Rhein und Weser

Das Sauerland erhebt sich auf der Wasserscheide von Rhein und Weser als höchster und größter Mittelgebirgstrakt zwischen den beiden Strömen. Mit mehreren Gipfeln oberhalb 800 m und einer Ausdehnung von fast 4000 km^2 – nahezu doppelt so groß wie etwa der Harz – ist es die höchste und flächenmäßig größte Bergbastion, die das Rheinische Schiefergebirge dem Norddeutschen Tiefland entgegenstemmt: Im Norden des Waldgebirges liegen jenseits von Möhne und Ruhr die fruchtbaren Lößebenen von Soester Börde und Westfälischer Bucht.

Der Name Sauerland faßt mehrere Gebirge zusammen:

■ Das *Rothaargebirge*, das an der Grenze zu Hessen im Langenberg (843 m) gipfelt, ist das größte und höchste Gebirge im Sauerland. Auf dem Rothaarkamm verläuft die Grenze zu Wittgensteiner und Siegerland, d.h. das Rothaargebirge greift über das Sauerland hinaus.

■ Das *Ebbegebirge* bildet die Westbastion des Sauerlands an der Grenze zum Bergischen Land. Es gipfelt in der Nordhelle (663 m).

■ Das *Lennegebirge* erhebt sich im nordwestlichen Sauerland zwischen Wenne, Ruhr und Lenne und erreicht in der Homert 656 m.

■ Der *Arnsberger Wald* rundet sich am Nordrand des Sauerlands zwischen Möhne und Ruhr; sein höchster Waldkopf erreicht am Plackweg 581 m.

Südland Westfalens

Die Südgrenze des Sauerlands bildet der Rothaarkamm. Dieser bis heute weitgehend siedlungsfreie, rauhe, naturschöne Waldkamm markiert seit Beginn der geschichtlichen Überlieferung eine Stammes-, Sprach- und Kulturscheide: Dialekt, Architektur der Bauernhöfe, Kreisgrenzen, historische Grenzsteine und Reste von Demarkationslinien wie dem Kölschen Heck, katholische Gotteshäuser nördlich und evangelische Gotteshäuser südlich des Kamms zeugen bis heute von dieser Grenze.

Vor 2000 Jahren lebte zwischen Ruhr und Sieg der germanische Stamm der Sugambrer (»Sauerländer«) bzw. Sigambrer (»Siegerländer«). Die Römer siedelten 40 000 von ihnen zwangsweise ans linke Rheinufer um, doch einige entkamen der ethnischen Säuberung und schlossen sich den Marsen an, die nördlich des Kamms bis zur Lippe siedelten, im Herbst des Jahres 9 n. Chr. an der Schlacht im Teutoburger Wald teilnahmen und nach den Rachefeldzügen des römischen Feldherrn »Germanicus« nicht mehr erwähnt werden. Südlich des Kamms hingegen wohnten die Chatten (Hessen) in den Flußgebieten um Eder und Lahn.

Vom Hohen Lehnberg in den Saalhauser Bergen schweift der Blick über das schluchtartige Gleietal hinweg auf das Land der »1000« Berge (Wanderung 17).

Über die Waldberge im Waldecker Upland, der höchsten Rothaargebirgs-Region, verlief die Grenze zwischen dem kurkölnischen Herzogtum Westfalen und dem Fürstentum Waldeck (heute zu Hessen).

Die Völkerwanderung änderte nichts an der Grenzfunktion des Rothaarkamms. Während die Chatten unter fränkische Herrschaft gerieten, rückten in die Gebiete nördlich des Kamms zwei Heerschaften der Sachsen nach: Westfalen und Engern. Als 1180 das kurkölnische Herzogtum Westfalen geschaffen wurde, lag auch seine Südgrenze auf dem Rothaarkamm. Als im Fürstentum Wittgenstein südlich des Kamms 1535 die Reformation durchgeführt wurde, wurde der Kamm zugleich Religionsscheide.
Da das Sauerland über Jahrhunderte hinweg den südlichen Siedlungsraum der Westfalen bildete, wird der Name Sauerland vielfach als »Söderland« = »Südland [Westfalens]« gedeutet.

»Sauer Land« – wildes Land der 1000 Berge

Eine andere unter den Dutzend Deutungen des Namens »Sauerland« bezieht sich auf die stellenweise erhaltene, herbe Ursprünglichkeit dieses zerschluchteten Berg- und Waldreichs. Als der Frankenkönig Karl der Große die Eresburg erobert hatte, soll er über das Land der 1000 Berge geblickt und gesagt haben: »Dies war mir ein sauer Land!« Was der Frankenkönig meinte, deutet die Dichterin Annette von Droste-Hülshoff in ihren »Bildern aus Westfalen« an: »Der Sauerländer rühmt sich eines glorreichen Ursprungs seiner Benennung – dieses ist mir ein sauer Land geworden, soll Karl der Große gesagt haben – und wirklich, wenn wir uns durch die Felsblöcke halb verrammelten Schluchten des Binnenlandes winden, unter Wänden her, deren Unersteiglichkeit wir mit schwindelndem Auge messen, und aus denen sich kolossale Balkone strecken, breit und fest genug, eine wilde Berghorde zu tragen, so zweifeln wir nicht an der Wahrheit dieses Wortes, mag es gesagt sein oder nicht.«

Altsächsisches Kulturland

Die Auseinandersetzungen zwischen den Sachsen und dem sich herausbildenden christlich-fränkischen Großreich gipfelten in den Sachsenkriegen unter Karl dem Großen. Den ersten Feldzug führte der Frankenkönig gegen die Engern im Sauerland: 772 eroberte er die Eresburg auf einer Bergkuppe an der Diemel im heutigen Marsberg im Hochsauerlandkreis und zerstörte die Irminsul, die Weltsäule, die nach damaligem Glauben der Einheimischen den Himmel trägt. 775 eroberte er die Hohensyburg, die sächsische Volksburg auf dem Bergsporn gegenüber der Mündung der Lenne in die Ruhr. 780 befahl er auf dem Reichstag im westfälischen Lippspringe unter Androhung der Todesstrafe die Annahme des neuen Glaubens. Als er 783, um die Ernsthaftigkeit seines Befehls zu verdeutlichen, 4500 als Geiseln genommene Sachsen ermorden ließ (tatsächlich sollen es »nur« 45 gewesen sein), trat der Westfalenhäuptling Widukind (Wittekind) an die Spitze eines sächsischen Unabhängigkeitskriegs. Widukind unterlag und mußte sich an Weihnachten 785 taufen lassen. Nun war das Land frei für die Christianisierung und die Eingliederung in das fränkische Großreich.

Kirchen- und Profanbauten weisen das Sauerland als reiches Kulturland aus. Schloß Adolfsburg in Oberhundem, nur von außen zu besichtigen, wurde ab 1677 für Johann Adolf von Fürstenberg als Wasseranlage erbaut.

Große Naturpark-Region
Mit fünf Naturparks zählt das Sauerland zu den großen Naturparkregionen Deutschlands. Die Bezeichnung »Naturpark« bedeutet nicht, daß die Natur unter Schutz steht, sondern daß es sich um großräumige Kulturlandschaften handelt, die natürliche Voraussetzungen für die Erholung aufweisen. Ihre Ausgestaltung erfolgt entsprechend dem Naturpark-Gründungsgedanken der ausgehenden 50er Jahre: Erschließung der Gebiete als »Parks« für automobile Erholungssuchende durch Anlegen von Straßen und Wanderparkplätzen, markierten Wanderwegen und anderen Einrichtungen (Grillplätze, Schutzhütten, Sitzbänke, Abfalleimer, Wassertretbecken, Wildgehege usw.), die dazu angetan sind, Ruhe und Ordnung zu erhalten und Kurz- oder Tagesurlaubern aus der Großstadt naturnah Erholung zu bieten.

Naturpark	Gründung	Größe	Wald	Verwaltung
Arnsberger Wald	1961	482 km^2	85%	Soest
Rothaargebirge	1963	1355 km^2	65%	Meschede
Ebbegebirge	1964	777 km^2	60%	Olpe
Homert	1965	550 km^2	56%	Meschede
Diemelsee	1965	334 km^2	45%	Korbach

Der Möhnesee bildet das Kernstück des Naturparks »Arnsberger Wald« am Nordrand des Sauerlands.
Das sehenswerte schluchtartig eingeschnittene Hönnetal mit seinen berühmten Höhlen und der aussichtsreiche Schomberg im Lennegebirge beim Wintersportplatz Wildewiese zählen zu den meistbesuchten Orten im Naturpark »Homert«.
Westlich an den Naturpark »Rothaargebirge« schließt der Naturpark »Ebbegebirge« an: Namensgeber ist das in der Nordhelle gipfelnde Ebbe, ein von Wäldern und Hochmooren bedeckter Kamm, auf dem sich prachtvolle Wanderungen und – wie fast überall im Sauerland – Skitouren unternehmen lassen. Im Naturpark »Ebbegebirge« liegt vor den Toren der Stadt Attendorn der Biggesee, das herausragendste Wassersportparadies im Sauerland.
Nicht mehr in Nordrhein-Westfalen, sondern in Hessen liegt der Naturpark »Diemelsee« rund um den gleichnamigen Wassersportsee. Auch die äußerste Südostbastion des Sauerlands grenzt an Hessen: Über die als Wintersportzentrum bekannte Sackpfeife verläuft die Grenze zwischen dem Sauerland und dem hessischen Lahn-Dill-Bergland.
Insgesamt haben die Buchenkathedralen und zerschluchteten Hänge, die grasreichen Hochwälder und abgeschiedenen Kämme des Sauerlands vielerorts einen derart hohen ökologischen, ästhetischen, Bildungs-, Erholungs- und Erlebniswert, daß vorgeschlagen wurde, Teile des Rothaargebirges gesetzlich zu einer »Naturlandschaft von nationalem Rang« zu erklären.

Abendstimmung im Hochsauerland, erlebt am Habberg.

Bislang jedoch ist die Gründung eines Nationalparks Rothaargebirge – mit entsprechend strengen Schutzbestimmungen – gescheitert.

Wasserkammer zwischen Rhein und Weser

Das Sauerland als Land der 1000 Berge ist zugleich ein Land der 1000 Quellen an der Wasserscheide zwischen Rhein und Weser: Die auf der Winterberger Hochfläche entspringende Ruhr (Wanderung 8), die auf dem Kahlen Asten in einer intermittierenden Quelle entspringende Lenne (Wanderung 2) sowie die am Rothaarkamm entspringenden Sieg (Wanderung 22) und Lahn (Wanderung 23) eilen dem Rhein zu, während Eder (Wanderung 22), Hoppecke (Wanderung 1) und Diemel (Wanderung 11) zur Weser entwässern. Bäche und Flüsse haben das Sauerland tief zerschluchtet und Landschaften von eindrucksvoller Schönheit entstehen lassen. Viele Flüsse wurden zur Trinkwasser- oder Energiegewinnung aufgestaut, einige haben sich zu Wassersportparadiesen entwickelt, die weit über die Grenzen des Sauerlands bekannt sind, darunter der Biggesee (Wanderung 36), der Möhnesee (Wanderung 47) und der Diemelsee (Wanderung 10).

Ursprungsland der Jugendherbergsbewegung

Im Sauerland begann in der Wandervogelzeit die Geschichte der Jugendherbergsbewegung: Der Altenaer Lehrer Richard Schirrmann, 1909 während einer Klassenwanderung in ein Unwetter geraten, rief dazu auf, Herbergen für die wandernde Jugend einzurichten. 1910 gründete Schirrmann das Deutsche Jugendherbergswerk (DJH), 1912 wurde unter seiner Leitung auf Burg Altena über dem Lennetal die weltweit erste Jugendherberge eröffnet.

Informationen und Adressen

Anforderungen

Die meisten Wanderungen folgen befestigten, gut ausgeschilderten und markierten Wegen. Hinzu kommen unbefestigte Wege und Pfade, die gelegentlich Gehhilfen wie Planken, Felsstufen, Geländer usw. aufweisen. Der Hinweis »bequemer Weg« in den Routenbeschreibungen bezieht sich lediglich auf die Beschaffenheit des Wegs, ohne auf die im Anstieg zu bewältigenden Höhenmeter Rücksicht zu nehmen. Der Hinweis »Grasweg« bedeutet, daß hier nach Niederschlägen oder morgens bei Tau die Beinkleider naß werden und auch griffige Wanderstiefel-Sohlen ins Rutschen geraten können. Die Hinweise »Felssteig« oder »Fels- und Wurzelsteig« signalisieren ebenfalls Rutschgefahr bei Nässe und / oder (Alt-)Schneelage.
Kondition / Gehzeit: Die Kilometerangabe und die Zahl der im Anstieg zu bewältigenden Höhenmeter sind ein Hinweis auf die Kondition, die mitgebracht werden muß, damit eine Wanderung Spaß macht. Die Stundenangabe darf nur als vager Anhaltspunkt angesehen werden: Luftfeuchtigkeit, Temperatur, Beschaffenheit des Geländes je nach Jahreszeit und Wetter (Trockenheit, Schnee, Glätte, aufgeweichter Boden), die persönliche Verfassung, die Rücksichtnahme auf eventuell schwächere Partner und viele andere Faktoren bestimmen die tatsächliche reine Gehzeit.
Schwindelfreiheit / Orientierungssinn: Auf keiner Sauerland-Wanderung ist Schwindelfreiheit erforderlich. Dank der guten Beschilderung und Markierung der Wege wird auch der Orientierungssinn kaum gefordert. Während ein Kompaß so gut wie nie zum Einsatz kommt, leistet ein Höhenmesser ausgezeichnete Dienste als Orientierungshilfe.
Schuhwerk: Feste Lederstiefel mit griffigen Sohlen und die Knöchel umschließenden Schäften sind im Sauerland Voraussetzung für ermüdungsfreies Gehen, für Rutschfestigkeit und Trittsicherheit im trockenen Fels, für Sicherheit in sumpfigem Gelände oder auf matschigen Wegen, für Angstfreiheit vor dem Umknicken des Fußes, kurzum für genußvolles Wandern.

Auskunft

Wer allgemeine touristische Informationen über das gesamte Sauerland sucht und sich Loipenpläne, Gastgeberverzeichnisse u.a. zuschicken lassen will, wendet sich an die Touristikzentrale Sauerland, Heinrich-Jansen-Weg 14, D-59929 Brilon, ✆ 02961 / 943229, Fax 02961 / 943247.
Wer gezielt Informationen über bestimmte Orte sucht, fragt bei den Kurverwaltungen oder Verkehrsvereinen nach. Adressen und Telefonnummern sind bei der Touristikzentrale Sauerland erhältlich.

Auf dem Rinsleyfelsen.

Schlittschuhfreuden auf der Glör (Wanderung 38). Bei Sonne und klirrendem Frost sind einige Sauerlandseen fast ebenso gut besucht wie im Sommer.

Fahrradwandern

Das Sauerland mit seinen vielen befestigten Forst- und Holzabfuhrwegen ist ein hervorragendes Radwandergebiet. Weitaus mehr als die auf den unten genannten »Freizeitkarten« eingetragenen Radwanderwege sind vor Ort ausgeschildert. Wer mit dem Fahrrad unterwegs ist, muß sich an die Regel halten, daß von Forstfahrzeugen unberührte Wald- und Wurzelwege und Pfade nicht befahren werden dürfen. Die Wanderung 50 des vorliegenden Führers stellt als Radtour den autofreien, asphaltierten Kiepenkerlweg zum Möhnesee vor.

Karten

Die den Wandervorschlägen beigegebenen farbigen Karten mit Routeneintragungen sind wesentlicher Bestandteil jedes Wandervorschlags. Die Ausschnitte ermöglichen in den meisten Fällen problemlose Orientierung.
Freizeitkarten 1:50.000: Die vom Landesvermessungsamt Nordrhein-Westfalen herausgegebenen Freizeitkarten im Maßstab 1:50.000 reichen im allgemeinen als Wanderkarten aus. Sie verzeichnen außer den Fußwanderrouten

auch zahlreiche Radwanderwege. Die Serie der »Freizeitkarten« hat die alte Serie der »Naturparkkarten« ersetzt, für das Sauerland sind folgende Kartenblätter nötig:
Blatt 15: Naturparke Arnsberger Wald, Homert
Blatt 16: Mittleres Diemeltal, Warburger Börde
Blatt 20: Naturpark Ebbegebirge
Blatt 21: Naturpark Rothaargebirge
Blatt 25: Siegerland
Vom Hessischen Landesvermessungsamt herausgegeben wird die »topographische Freizeitkarte 1:50.000 Diemelsee«.
Wanderkarten 1:25.000: Als vertiefende Ergänzung sind die »grünen« Wanderkarten 1:25.000 zu empfehlen. Sie werden vom Landesvermessungsamt Nordrhein-Westfalen in Zusammenarbeit mit dem Sauerländischen Gebirgsverein und den Gemeinden flächendeckend für das Sauerland herausgegeben und sind zugleich Wanderkarten des Sauerländischen Gebirgsvereins.

Klima

Das Klima im Sauerland ist sommerkühl und in Luvlagen niederschlagsreich (1000 bis 1300 mm Jahresniederschlag), wobei sich jedoch die lokalen Klimata zum Teil beträchtlich unterscheiden. Die folgenden langjährigen Mittelwerte beziehen sich auf Lüdenscheid (444 m) im Märkischen Sauerland:

	Lufttemperatur (°C)	Niederschlag (mm)	Sonnenscheindauer (Stunden)
Januar	-0,2	117	42
Februar	0,7	92	69
März	3,4	85	110
April	6,8	80	143
Mai	11,1	84	181
Juni	14,2	100	178
Juli	15,5	118	168
August	15,3	112	164
September	12,8	90	140
Oktober	8,9	85	112
November	3,9	109	50
Dezember	1,2	132	41
Jahr	7,8	1204	1398

Schwammerl-Stamm Auf dem Heil im Ardeygebirge am Nordrand des Sauerlands. Auf dem nicht unter Schutz stehenden Ardey horsten in wundervollen Buchenwäldern die wohl üppigsten Stechpalmen-Vorkommen Norddeutschlands; das noch nördlicher gelegene Naturschutzgebiet »Hülsenwald« im Dortmunder Reichswald in der Hacheneyer Mark ist dagegen vergleichsweise bescheiden.

Skiwandern

Das Sauerland ist ein Skiwandergebirge par excellence. Die in diesem Führer vorgestellten Wanderrouten lassen sich bei Schneelage fast ausnahmslos auch auf Ski durchführen. Halten Sie sich im Zweifelsfall an die Skimarkierungen. Beim Langenberg etwa könnte die vorgeschlagene Route als arg schweißtreibend empfunden werden, während die örtliche Beschilderung bequem auf den höchsten Gipfel Nordrhein-Westfalens leitet. An vielen Ausgangspunkten finden sich zudem Übersichtstafeln mit Routenvorschlägen für Skiwanderungen auf gespurten oder ungespurten Loipen.

Eine der klassischen Sauerland-Skirouten ist die 52-km-Tour über den Rothaarkamm vom Rhein-Weser-Turm zum Albrechtsplatz und zurück (Wanderungen 15 und 14). Wen diese Tour nur zufriedenstellt, wenn sie »beweisbar« ist, nehme ein Stück Papier mit und halte es unterwegs an die Knipser der »Beweisstellen«: An jeder Knipsstelle wird ein Buchstabe eingestanzt, z.B. »Z« für Zinses Eck oder »K« für Kühhude usw. Diese Beweisknipser gibt es auch andernorts im Sauerland (»W« für Wilzenberg).

Wer auf einer Skiwanderung einen Lift als Steighilfe benutzen will, wird mit der Tatsache konfrontiert, daß keine Einzelkarten verkauft werden; freundliche Verkäufer machen aber Ausnahmen.

Wanderverein
Sauerländischer Gebirgsverein (SGV). Hauptgeschäftsstelle: Emster Str. 104, D-58093 Hagen. ✆ 02331 / 55255. Der SGV unterhält zahlreiche Wanderheime.

Wettervorhersage
Schneetelefon der Touristikzentrale Sauerland: ✆ 0291 / 11530.

Zelten
Zelten ist im Sauerland abseits der Campingplätze nicht erlaubt. Auch das Nächtigen in den Schutzhütten ist verboten. Campingplätze mit Stellplätzen für Wohnwagen und Wohn-Automobile gibt es im Sauerland unzählige. Zeltplätze, wo sich auf einer richtigen Wiese das Zelt abspannen läßt, gibt es vergleichsweise wenige, aber es gibt sie.

Juni-Nebel an den Bruchhauser Steinen. Auch bei »schlechtem« Wetter ist das Sauerland ein faszinierendes Wandergebiet. Wer dann beispielsweise auf den Feldstein steigt, steht ganz allein in den Wolken, der Wind ist so stark, daß er einen umwehen kann, der Blick reicht höchstens zehn Meter weit, und wenn die Ballen aufreißen, sind Felsen zu sehen, nasser Laubwald und da unten ein Stück Land; das gepriesene Panorama jedenfalls gibt es dann nicht, aber vielleicht kommt es darauf gar nicht an (Wanderung 9).

Zum Gebrauch des Führers

Eine Übersicht mit den wichtigsten Informationen zu jeder Wanderung leitet die Routenbeschreibungen ein.

Talort: Kurze Vorstellung des Ortes, in oder bei dem die Wanderung beginnt.

Ausgangspunkt: Hinweis, wo und auf welcher Höhe über NN der Ausgangspunkt liegt, in welcher Himmelsrichtung vom Talort er zu finden und über welche Straße er erreichbar ist und ob es Bushaltestelle oder Bahnhof gibt.

Gehzeit: Hinter der Zahl der Stunden, die durchschnittlich benötigt werden, steht in Klammern die Zahl der Kilometer.

Anstieg: Die im Anstieg zu bewältigenden Höhenmeter sind aufgerundet auf die nächsten 50 (600 statt 578 Höhenmeter). Gehen Sie davon aus, daß zum Aufstieg in der Regel ein gleich hoher Abstieg hinzukommt.

Einkehr: Die Einkehrmöglichkeiten sind in Etappen mit Kilometerangabe genannt (0 km = am Ausgangspunkt).

Ski: Hinweis auf Skiwanderwege sowie auf Loipen, die oft nicht mit der beschriebenen Wanderung identisch, aber ausgeschildert sind.

Rad: Der Hinweis auf Radwanderungen erfolgt, wenn es sich durchgehend um Wege mit festem Belag handelt.

Rechts: Reich gestufter Wald, in dem Generationen von Bäumen leben, Büsche horsten, Kräuter und Blumen wachsen, Moos die Felsen umhüllt, Spinnen weben, Käfer krabbeln, Bienen summen – all das gibt es im Sauerland, auch wenn die Stellen seltener werden. Das Bild stammt von Wanderung 39.

Unten: Wie hier am Knüll laden während der Sauerlandwanderungen Schutzhütten zur Rast, oft mit Tischen und Bänken.

Rothaargebirge

Das waldreiche Rothaargebirge ist der größte und höchste Gebirgszug im Sauerland. Es gipfelt im Nordosten an der westfälisch-hessischen Grenze in den gleich hohen Bergen Langenberg und Hegekopf (843 m), weist mit dem Kahlen Asten (841 m) beim Wintersportort Winterberg seinen berühmtesten Berg auf und streicht dann als Kammgebirge nach Südwesten, wo es im Quellgebiet von Lahn, Sieg und Eder am Jagdberg (674 m) endet bzw. in das Siegerland übergeht.

Der Waldreichtum hat vermutlich zur Benennung des Rothaargebirges geführt: Wie Harz, Haardt oder Spessart leitet sich der Name Rothaar vom mittelhochdeutschen *hart = bewaldetes Gebirge* ab. Der Zusatz »Rot« könnte auf den Buchenschmuck verweisen, den das Gebirge vor 1000 Jahren anstelle der heute dominierenden Fichten trug. Die Bezeichnung »hardt« ist noch in vielen Bergnamen im Sauerland und im Siegerland erhalten und verweist stets auf Waldberge.

Viehweiden und schmucke Ortschaften am Fuß von Waldbergen und Waldrücken prägen die Landschaft im Rothaargebirge. Das Bild zeigt das obere Lennetal bei Saalhausen; den Waldrücken rechts erschließt Wanderung 16.

Ense
Möhnetalsperre
Völlinghausen
Allagen
Belecke
Neheim
Lemmberg
Möhnesee
Arnsberger Wald
Kallenhardt
Warstein
Breitenbruch
Arnsbg./Niedereimer
Hirschberg
Herdringen
Arnsbg./Uentrop
Nuttlar Höhe
Altenbüren
Briloner Hochfläche
Oeventrop
Wennemer Höhe
Meschede
Eversberg
Nuttlar
Brilon
ARNSBERG
Freienohl
Bestwig
Antfeld
Sundern
Mittel-Berge
Calle
Olsberg
Brilon-W.
Sorpetalsperre
Hennetalsperre
Meschede
Bruchhsn.
Rattlar
Westenfeld
Hellefeld
Ramsbeck
Wulmeringhsn.
Stockum
Grevenstein
Wenholthausen
Remblinghausen
Wiemeringhausen
Willingen
Endorf
Meinkenbracht
Goldener Strauch
Elpe
Langewiese
Usseln
Hagen
Homertl
Westernbödefeld
Siedlinghausen
Niedersfeld
Wildewiese
Reiste
Bödefeld
Grönebach
Deifeld
Eslohe (Sauerland)
Silbach
Fehrenbracht
Fredeburger Land
Dorlar
Hunau
Winterberg
Küstelberg
Fretter
Fredeburg
Reetsberg
Schönholthausen
Cobbenrode
Altastenberg
Oedingen
Wormbach
Kahler Asten
Finnentrop
Bracht
Oberkirchen
Neuastenberg
Hesborn
Grevenbrück
Lennestadt
Saalhauser Berge
Schmallenberg
Helden
Fleckenberg
Saalhausen
Ziegenhelle
Hallenberg
Kirchhundem
Hardler
Rothaargebirge
Wunderthausen
Bilstein
Oberhundem
Gr. Kopf
Wingeshausen
Bromskirchen
Oberveischede
Hofolpe
Schüllar
Welschen-Ennest
Aue
Bad Berleburg
Heinsberg
Eder
Allendorf (Eder)
Hoher Wald
Brachthausen
Birkelbach
Berghausen
Schwarzenau
Dodenau
Littfeld
Hilchenbach
Raumland
Elsoff
Kreuztal
Erndtebrück
Schameder
Dotzlar
Battenberg (Eder)
Hillnhütten
Sassenhsn.
Beddelhsn.
Richstein
Hatzfeld (Eder)
Ernsthausen
Wittgensteiner Land
Herzhausen
Bad Laasphe
Sackpfeife
Eifa
Münchhausen
Hüttental
Afholderbach
Benfe
Puderbach
Dreis-Tiefenbach
Feudigen
Wallau (Lahn)
Niederasphe
Netphen
Banfe
Biedenkopf
Deuz
Breidenstein
Treisbach
Walpersdorf
Breidenbach
Eckelshsn.
SIEGEN
Fischelbach
Oberdieten
Buchenau
Sterzhausen
Sieg

Im Nordosten geht das Rothaargebirge auf hessischer Seite in das Waldecker Upland über, wo sich im westfälisch-hessischen Grenzgebiet die höchsten Berge des Sauerlands erheben und wo die Diemel entspringt. Am Fuß des Eisenbergs ist die Diemel zum Wassersportsee »Diemelsee« aufgestaut, der den Mittelpunkt des gleichnamigen Naturparks bildet. Daß die Sauerlandberge im Waldecker Upland weniger bekannt sind als der Kahle Asten, wird mit ihrer einstigen Grenzlage und ihrer starken Bewaldung erklärt: Ettelsberg, Hegekopf (843 m), Hoppernkopf und Mühlenkopf bilden zusammen mit dem westfälischen Langenberg (843 m) das höchste geschlossene Bergmassiv des Sauerlands. Lediglich der durch einen Lift erschlossene, heidebedeckte Ettelsberg läßt sich vom Bekanntheitsgrad mit dem Kahlen Asten vergleichen; am Fuß des Ettelsbergs liegt der Wintersportplatz Willingen / Upland.
Ebenfalls im westfälisch-hessischen Grenzgebiet liegt auf der Briloner Hochfläche die Stadt **Brilon** (»Breiter Wald«), die im 15. Jh. zeitweise Hauptstadt Westfalens war. Die Briloner Hochfläche wird im Süden durch das tief eingeschnittene Tal der Hoppecke begrenzt und geht dann in die **Winterberger Hochfläche** über, auf der die Ruhr entspringt. Sie trennt das Waldecker Upland und das **Astenmassiv**. Bekanntester Berg des Massivs ist der Kahle Asten, auf dem die Lenne entspringt, die zentrale Wasserader des Hochsauerlands. Nach Westen strahlt vom Astenmassiv die **Hunau** aus, ein weitflächig unter Naturschutz stehender Bergkamm.
Südwestlich vom Astenmassiv beginnt der **Rothaarkamm**, ein beidseitig steil abfallender Waldkamm. Er trägt die jahrhundertealte Grenze zwischen dem kurkölnisch-katholischen Sauerland (Nordwesten) und dem evangelischen **Wittgensteiner Land** (Südosten). Hauptwasserader auf der Sauerland-Seite ist die obere Lenne; an ihr liegt die Stadt **Schmallenberg** als wirtschaftliches und kulturelles Zentrum des oberen Sauerlands. Zentrum auf Wittgensteiner Seite ist **Bad Berleburg** an der Odeborn oberhalb ihrer Mündung in die Eder.
Am Westerberg beim Rhein-Weser-Turm schwingt der Rothaarkamm nach Süden; dort markiert der Dreiherrnstein jenes Dreiländereck, an dem die Territorien der »Herren« von Kurköln, Nassau-Siegen und Wittgenstein aneinanderstießen. Der Kamm südlich davon gehört zum Rothaargebirge, aber nicht zum Sauerland: Er bildet die Grenze und Wasserscheide zwischen **Siegerland** (Westen) und Wittgensteiner Land. Die auf dem Kamm entspringende Sieg entwässert nach Westen, Lahn und Eder nach Osten.

Charakteristisch für Rothaargebirge und Sauerland ist Fachwerkkunst mit Schnitzereien und Inschriften, so an diesem Pastoratsgebäude von 1692 in Kirchhundem. Ein springendes silbernes Pferd auf rotem Schild ist seit Kurköln-Zeiten das Wappen Westfalens; rechts Wappen mit Petrus-Schlüsseln und Tiara (Papstkrone).

DER·MEIST·HANS·SCHMICH·ANNO·1692
NISI·DOMINVS·ÆDIFICAVERIT·DOMVM·IN·VANVM·LABORANT· QVI·ÆDIFICAT·EVM·PSALMO·126·CRVXCHRISTI·SALVSMVNDI
MATINO·THONÆO·EX·VELBEKE·ANNO·NEVNTZIG·ZWEI
SANCTE·ANTONI·DE·PADVA·ET·SANCTE·DON
PAROCHIA
ÆDIFICAVIT
DES·ORDINAT
NE·ET·DIREC
NE·GEORGY·V
BACH·IVDICY·SCR
IN·BIL
SIT·VIRGO·MARIA·PATRONA
CVM·PETRO·ET·PAVLO·SAN

1 Neuer Hagen – Langenberg, 843 m

Höchster Gipfel Nordrhein-Westfalens

Talort Niedersfeld: An der Mündung der Hille in die Ruhr liegt im Hochsauerlandkreis am Fuß des Rimbergs der Fremdenverkehrsort Winterberg-Niedersfeld (530 m, 1500 Ew.), die wohl im 12. Jh. gegründete, höchste Siedlung an der Ruhr. Der kleine Hillestausee oberhalb von Niedersfeld ist Erholungsgebiet mit Wassersportmöglichkeiten.
Ausgangspunkt: Parkmöglichkeit (600 m) östlich von Niedersfeld an der Straße Richtung »Hochheide« vor der ersten Serpentinenkurve.
Gehzeit: 3 Std. (11 km) Rundwanderung.
Anstiege: 400 Höhenmeter.
Ski: Der WSV-Skiwanderweg K1 (rotes Dreieck) führt direkt zum Langenberg. An der Straße oberhalb vom Ausgangspunkt beginnt die Rundloipe »Neuer Hagen« (6 km).

Obwohl sich der höchste Gipfel Westfalens als Fichtenacker ohne Aussicht entpuppt, zählt diese abwechslungsreiche Rundwanderung durch eine der größten Hochheiden Westdeutschlands und durch das liebliche Tal der Hoppecke zu den schönsten Sauerland-Wanderungen.
Schon der Anfang ist ein starkes Stück: *x* verläßt den Forstweg und schwingt sich auf einem Pfad durch wild wucherndes Buschwerk hinauf in zauberhaften Mischwald. Erst nach und nach weitet sich der Pfad zum Weg und strebt unter hohen Fichten einer Schutzhütte zu, ehe sich die Bergheide **Neuer Hagen** öffnet. Zwischen Heidekraut-, Blaubeer- und Preiselbeerteppichen, zwischen Borstgrasmatten, Krüppelkiefern und Birken und mit Blick auf das Ziel der Wanderung – den Berg mit dem »langen« Rücken – zieht *x* über die

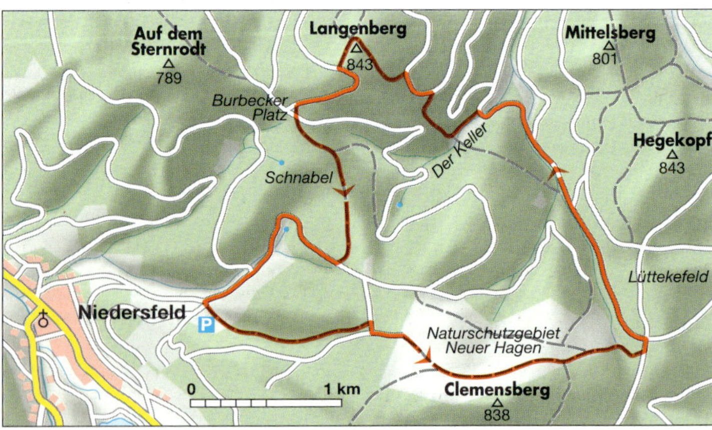

Im moorigen Ostteil des Neuen Hagens, durch den zur Zeit der Beerenreife Scharen eimerbewaffneter Sammler stampfen, entspringen die Quellbäche der Hoppecke. An einer der Quellnischen laden Bänke zur Rast.

Hochfläche. Diese herbe Landschaft läßt ahnen, welche Kraft sie den Menschen abverlangt hat, die hier rodeten und zu siedeln versuchten – und sich dann doch zurückziehen mußten.

Nach Verlassen des Naturschutzgebiets – die Grenze zwischen Nordrhein-Westfalen und Hessen sowie die Wasserscheide zwischen Rhein und Weser ist unmerklich überschritten – führt *x* zur Schutzhütte an der Wegespinne **Scheid** (783 m) und folgt der Hoppecke talwärts. Hinter drei riesenhaften Einzelfichten überschreitet *x* das Flüßchen und will weiter talwärts, doch wir bleiben auf dem breiten Wirtschaftsweg (links), der zunächst aufwärts, dann hinab zum Bach im Talabschnitt **Der Keller** (680 m) führt. Nach Überqueren des Bachs geht es auf schlechtem Weg unmarkiert bachaufwärts. Der Weg verengt sich bald zum Pfad, der längs der Ländergrenze mit ihren historischen Steinen in spürbarem Anstieg den Langenberg-Südosthang hinaufführt und auf *W5* mündet. *W5* hält unter Buchen aufwärts, bis vor Fichtenforst ein Schild zum **Langenberg** weist (links): Ein schlichter Stein mit Metallplatte im lieblosen Fichtenacker, daneben liebevoll von Wanderern improvisiert ein Gipfelkreuz aus Ästen sowie ein Steinmal, zu dem Wandernde »ihren« Stein hinzufügen können.

Vom Gipfel senkt sich *N3* hinab zur Wegespinne **Burbecker Platz**, wo sich auf einer Bank die Gipfelrast nachholen läßt, ehe *N3* in großem Bogen durch abwechslungsreichen Wald zurückführt.

2 Westfeld – Lennetal – Kahler Asten, 841 m

Durch das obere Lennetal auf den Kahlen Asten

Talort Schmallenberg: Siehe S. 50.
Ausgangspunkt: Skilanglaufstadion in Schmallenberg-Westfeld an der Straße nach Winterberg.
Gehzeit: 4 Std. (15 km) Rundwanderung.
Anstiege: 350 Höhenmeter.
Einkehr: Westfeld (0 km), Kahler Asten (6 km), Hoher Knochen (13 km).
Ski: Am Skilanglaufstadion beginnt die Lennetal-Loipe (9 km).

Der aussichtsreiche Kahle Asten ist einer der schönsten, aber auch meistbesuchten Berge des Sauerlands. Am Rand der unter Naturschutz stehenden Heide, die sein Gipfelplateau schmückt, entspringt in einer intermittierenden

Die vorherrschenden starken Westwinde erklären die Fahnenwüchsigkeit vieler Fichten auf dem verheideten Astenplateau.

Quelle die Lenne, der größte Nebenfluß der Ruhr. Durch das stille obere Tal dieser zentralen Wasserader des Hochsauerlands führt unsere Wanderung zum Gipfel.
Am Skilanglaufstadion in **Westfeld** folgen wir kurz der Startspur und treffen auf den mit dem Zeichen »L« markierten Weg, der im **Lennetal** aufwärts führt, anfangs aussichtsreich neben Wiesen, dann im Wald. Wenn nach etwa einer Stunde eine Stegbrücke die Lenne überspannt, wechseln wir an das gegenüberliegende Ufer und halten weiter aufwärts. Wo wenig später an einer großen Wiese die mächtige Gipfelkuppel des Asten ins Blickfeld rückt, taucht die Markierung *x* auf und leitet auf den **Kahlen Asten**. Im Gebäude am Rand der Hochheide befinden sich eine naturkundliche Ausstellung, eine Gaststätte, die Wetterstation und der Aussichtsturm. Hervorragend sind die Fernblicke, die beim Gang durch die **Hochheide** erwarten, während wir dem *Naturlehrpfad* folgen und zur **Lennequelle** gelangen; nach dieser aus einem Felsspalt schüttenden Quelle trägt der Astenberg seinen Namen: â-sten = Wasserstein. Bei der Liftbergstation am Rand des Gipfelplateaus unweit der Lennequelle verlassen wir mit der Markierung *x27* das Gipfelplateau und wandern durch die Waldhänge des Hinteren und des Vorderen **Hohen Knochen** zum idyllisch im Wald gelegenen Berghotel Hoher Knochen. Von hier leitet die Markierung *x2* im Hang des Hömbergs zurück zum Ausgangspunkt.

3 Großes Bildchen – Hunau, 818 m

Durch die Wälder und Hochmoore der Hunau

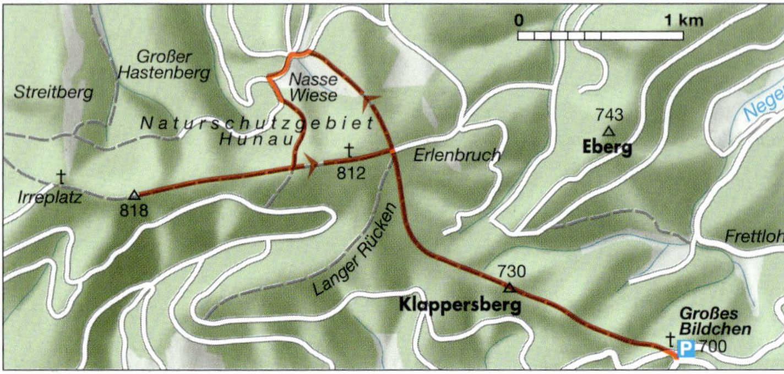

Talort Altastenberg: Auf dem Nordwesthang des Astenmassivs liegt im Hochsauerlandkreis der Luftkurort Altastenberg (800 m), Ortsteil von Winterberg.
Ausgangspunkt: Bushaltestelle Großes Bildchen (700 m) nordwestlich von Altastenberg; in Altastenberg Richtung Siedlinghausen.
Gehzeit: 3 Std. (10 km) Rundwanderung.
Anstiege: 200 Höhenmeter.
Ski: Am Ausgangspunkt erfolgt der Einstieg in die »Hunau-Spur«. Die 15 km lange Loipe beginnt in Altastenberg, ist ab dem Großen Bildchen teilweise identisch mit der vorgeschlagenen Wanderung und zieht weiter via Hunau-Lift.

Diese bequeme, abwechslungsreiche Wanderung auf dem Hunau-Kamm zählt zu den zauberhaftesten Sauerland-Wanderungen. Am stillen Hunau-Gipfel (818 m) bietet sich eine kleine, feine Aussicht.
Am **Großen Bildchen** mit Steinen der SGV-Ortsvereine zeigt der *Hunau*-Wegweiser rechts hinüber zum Parkplatz. Dort leitet *x* als Grasweg in eine Senke mit stimmungsvollem Wald, überschreitet den **Klappersberg** und taucht in das Naturschutzgebiet **Hunau**. Nach Überschreiten des Kamms öffnet sich eine weite Hochmoor-Landschaft. Das erste Moor ist das **Rauhe Bruch**, wo in buckligen Wiesen einer der Valme-Quellbäche entspringt; der andere Quellbach dieses Ruhrzuflusses sammelt sich in der **Nassen Wiese**, einem 8000 Jahre alten Hoch- und Zwischenmoor.
Von der Wegespinne mit Bänken am unteren Rand der Nassen Wiese zieht *x* durch Buchenwald auf den Hunaukamm und folgt ihm unter hohen Fichten rechts. Ein schlichtes Holzschild bezeichnet den höchsten **Hunau-Gipfel** (818 m). Dahinter führt ein Pfad in einem kleinen Buchendom zu einer Aussichtsstelle mit prächtiger Sicht auf das Sorpetal und den Rothaarkamm; die Sitzbank an dieser schönen Stelle ist abmontiert.

Nun geht es auf dem Kammweg ostwärts zum **Hundegipfel** (812 m): Mehrere Sitzbänke umstehen das Waldgrab der 1936 verstorbenen »Schweißhündin Isolde von der Hunau«. Vom Hundegipfel folgt der Weg dem Kamm weiter ostwärts, bis er an einer Aussichtsstelle auf den bekannten *x*-Weg trifft. Dieser leitet zurück.

In einem Tümpel am Rand der Nassen Wiese sammelt sich auf dem Hunau-Nordhang ein Quellbach der Valme, die bei Bestwig in die Ruhr mündet. Ein kleiner weißer Schmetterling flattert hin und her; es ist Ende Juli.

4 Silbersee – Ziegenhelle, 816 m

Stille Wald- und Gipfelwanderung

Talort Züschen: Am Ostfuß des Astenmassivs liegt im Hochsauerlandkreis der Erholungsort und Wintersportplatz Züschen (480 m, 2000 Ew.), Ortsteil von Winterberg, mit reich verzierten Fachwerkhäusern aus der Zeit ab 1785. Der Hochaltar in der neugotischen Pfarrkirche (1855-58) stammt aus der Giershagener Papen-Werkstatt (1711). Die Bildhauerfamilie Papen war 1670 bis 1730 für das südöstliche Westfalen und für Waldeck tätig; die Werkstatt stand in Giershagen im Grenzgebiet südlich von Marsberg; Werke finden sich auch im Paderborner Dom und in der Korbacher Nikolaikirche.
Ausgangspunkt: Bushaltestelle Flachengrund am Silbersee (511 m) westlich von Züschen.
Gehzeit: 4 Std. (13 km) Rundwanderung.
Anstiege: Knapp 400 Höhenmeter.
Variante: Markierung *m* führt weiter zur Wallershöhe (1 km ab Ziegenhelle), wo Anschluß an Tour 5 zum Heidkopf besteht.
Ski: Ausgangspunkt der Züschener Loipen ist das Alpin-Zentrum am Homberg südwestlich von Züschen.

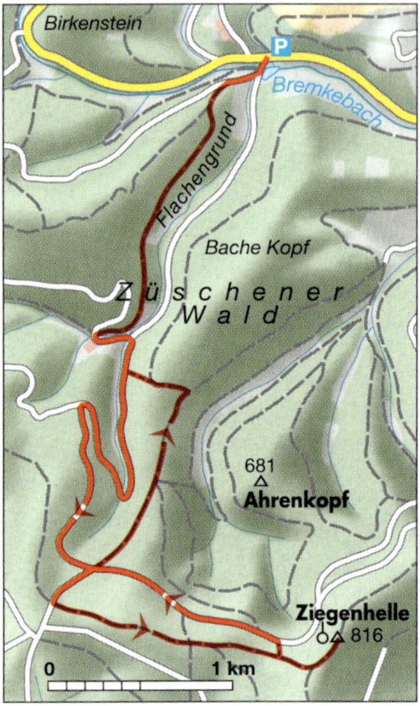

Diese bequeme Wald- und Kammwanderung taucht in völlig stillen Wald:
Am Weg oberhalb des **Silbersees**, eines aufgestauten Kinderspielweihers mit Holzflößen, weist ein Schild taleinwärts Richtung Ziegenhelle. Da dieses Schild auf einen langweiligen Forstweg schickt, folgen wir ihm nicht, sondern nehmen den bergwärts abzweigenden *m*-Weg; *m* leitet kurz aufwärts und bleibt dann auf dem Hang, bald grasig und in schönem Buchen-Mischwald hoch über dem **Flachengrund**. Wo auf einer Rodung Hütten stehen, fällt der Blick fast auf das Ziel: Jenseits des tief eingekerbten Tals erhebt sich der Ziegenhellen-Kamm, ganz oben links wollen wir hinauf.
m wechselt auf den zuletzt unvermeidlichen Forstweg, erreicht eine Schutzhütte (704 m) und folgt dem Kamm, bis an der letzten Verzweigung *z* die **Ziegenhelle** (816 m) erklimmt. Auf der Gipfelwiese stehen Schutzhütte, Bänke und ein hölzernes Aussichtsgerüst, auf dessen schwankender Plattform nur wenig zu sehen ist. Wer kurz zurückgeht und an den Rand des Fichtenwalds tritt, blickt auf Neuastenberg und den Asten.

Wir gehen kurz auf derselben Route zurück, bis das DSV-Schild *Ziegenhellen-Loipe* rechts weist. Der Weg zieht oben am Hang entlang, bis ein Schild rechts Richtung *Silbersee* zeigt: Ein Waldweg hält abwärts, vorbei an einer **Handweiser**-Verzweigung aus der Zeit um 1800 und stößt an einer Schneisenwiese mit Lärchen erneut auf eine Verzweigung. Entgegengesetzt dem Schild *Kronbuche A1* hält die Route hier links hinauf, überschreitet einen Sattel und trifft auf zwei aussichtsreiche alte Sitzbänke; nun geht es geradeaus (halblinks) hinab in den Flachengrund, wo *m* auf dem bekannten Weg zurückführt.

Während der Kammwanderung zum Heidkopf zeigen sich ganz nah Ziegenhelle (r.) und Wallershöhe. Ziegenhellen- und Heidkopf-Wanderung (Tour 5) lassen sich gut kombinieren, auch auf Ski.

5 Weifetal – Langebruch – Heidkopf, 704 m

Zauberhafte Waldwanderung zum Heidkopf-Aussichtsturm

Talort Hallenberg: Wo die Nuhne den Südostfuß des Rothaargebirges umspült, liegt im Hochsauerlandkreis die Stadt Hallenberg (420 m, 4800 Ew.), gegründet um 1260 vom kölnischen Marschall Arnold von Hochstaden. Die Pfarrkirche, errichtet im 13. Jahrhundert, enthält eine für den westfälischen Raum einzigartige Renaissance-Ausmalung (1588). Vielbesucht ist die Hallenberger Freilichtbühne. In den Nuhnewiesen haben seltene Blumen, Gräser und Feuchtgewächse eine Heimat gefunden.
Ausgangspunkt: Wanderparkplatz Weifetal (550 m) westlich von Hallenberg an der Straße nach Bad Berleburg.
Gehzeit: 4 Std. (15 km) Rundwanderung.
Anstiege: 450 Höhenmeter.

Der Aussichtsturm auf dem Heidkopf bei Hallenberg am Ostrand des Rothaargebirges bietet ein einzigartiges Panorama.
Vom Wanderparkplatz »Weifetal« folgen wir dem Bach im Wald bergan, bald neben einem Buchenwald, dann laden an der **Weifequelle** am Rand des moos- und grasreichen Hochwalds Tisch und Bank zur Rast. Am Weg auf der Einsattelung oberhalb der Quelle gehen wir rechts und gleich wieder links und durchqueren das Naturschutzgebiet **Langebruch-Nonnenwinkel**. Das Langebruch mit seinen Torfmoosen, Gräsern und Binsen ist das Quellmoor des Bubenkirchbachs, der hier im »Nonnenwinkel« entspringt; letzterer trägt diesen Namen, weil hier der Sage nach ein Kloster gestanden haben soll. Beeindruckend sind die mehr als 200 Jahre alte Kopfbuchen, viele von ihnen sind hohl und nur noch gespensterhafte Ruinen, auf denen Zunderschwämme schmarotzen und sich Moose und Flechten angesiedelt haben.

Der Heidkopf erhebt sich an der Grenze zwischen Waldgebirge und Feldflur. Weit schweift der Blick nach Hessen hinein, während sich auf der Sauerlandseite viele der »1000 Berge« zeigen, unter ihnen der Kahle Asten.

Wenn der Weg ins Freie tritt, folgen wir der Markierung *m* auf geborstenem Asphalt aufwärts. Wenn der Asphaltweg auf der Höhe rechts kurvt, zweigt rechts – leicht zu übersehen – die Markierung *weißes Viereck* ab: Auf einem sonnigen Grasweg leitet die Markierung aufwärts und erreicht an der **Wallershöhe** den Kamm. Wir folgen dem mit mehreren Markierungen versehenen Kammweg ostwärts bis hinab zu der Stelle, wo er den Kamm verläßt und sich ins Weifetal hinabsenken will. Hier wandern wir geradeaus auf dem Weg gleichbleibender Höhe und erreichen eine Picknickwiese; an einer Schutzhütte laden Bänke zur Rast. Wenig später erblicken wir den **Heidkopf** mit dem hölzernen Aussichtsturm, den wir nun rasch erreichen.
Vom Heidkopf folgen wir demselben Weg zurück bis zur ersten Einsattelung und biegen hier an der Wegespinne auf einen grasigen Weg ab (der erste), der talseitig abzweigt. Hoch über dem Tal quert er den Hang. Sobald wir auf diesem Weg wieder den Hauptkamm erreicht haben, gehen wir links am bekannten Rastplatz vorbei und an der nächsten Verzweigung links auf dem Asphaltweg zum Ausgangspunkt zurück.

6 Orketal – Bollerberg, 757 m

Häßlicher Aussichtsturm – idyllische Täler

Talort Medelon: Wo die Orke das Rothaargebirge im Osten verläßt, liegt im Hochsauerlandkreis das von der Landwirtschaft geprägte Dorf Medelon (377 m, 600 Ew.), ein Ortsteil der Stadt Medebach.

Ausgangspunkt: Wanderparkplatz Orketal (398 m) westsüdwestlich von Medelon an der Straße Medebach-Hallenberg.
Gehzeit: 4 Std. (13 km) Rundwanderung.
Anstiege: 400 Höhenmeter.

Abgesehen vom Bollerberg, der für Autowanderer zu einem der schauderhaftesten Sauerland-Berge umgestaltet wurde, ist dies eine stille Waldwanderung in wunderschöner Abgeschiedenheit.
Vom Parkplatz geht es kurz neben der Straße bergwärts, bis *x6* bergseitig abzweigt und mäßig steil unter hohen Buchen zum **Dasseberg** hinaufleitet. Sonnig zieht *x* dann in offener Landschaft aufwärts, bis im Sattel zwischen Stolzen- und Teukelberg Bänke und Tisch zur Rast mit Blick auf Hesborn laden. Nun leitet *4* auf einem Grasweg aufwärts, an der Kurve geradeaus (!) und in Serpentinen durch den Buchenhang, zuletzt auf einer kleinen Straße zum **Bollerberg** (757 m). 1992 wurde ein zweiter Betonturm gebaut, da sich vom alten, der 1967 im Stil eines Autoparkhauses errichtet wurde, kaum mehr über die Wipfel schauen läßt.
Vom Sattel zwischen Boller- und Teukelberg leitet *4* auf einem Grasweg hinab: An der Kurve mit Blick zum Kahlen Asten, dann zwischen hohen Buchen, und zuletzt, ehe der breite Forstweg erreicht wird, mit Sicht auf den

Heidkopf (siehe Wanderung 5). Sacht hält der Forstweg aufwärts, bis x bei der Bank an der ersten Verzweigung geradeaus will, doch rechts an den Fichten zeigt sich die schwarz übermalte, alte x-Markierung, und dieser folgen wir. Es ist ein völlig einsamer Grasweg geworden, der still durch ein Bachtal mit prächtiger Pflanzenwelt führt; bald weitet er sich zum kleinen Forstweg, links unten erscheint eine Rodung, die sich ins **Düstere Hohl** hinaufzieht, und nach Überschreiten des Bachs, der **Dillmecke**, tummeln sich Libellen über Schilfteichen. Alles ist etwas verwunschen hier. Die Dillmecke mündet in die **Orke**, der wir am linken Ufer talwärts folgen, begleitet von prächtigen Laubbaum-Individuen (siehe Wanderung 7).

Blumengeschmückte Wiesen und Kuhweiden – ein zauberhaftes Sonnenbadeparadies – geben am Dasseberg den Blick auf den Bollerberg frei.

7 Orketal – Elkeringhausen

Durch das sonnige Wiesental der Orke

Talort Medelon: Siehe Wanderung 6.
Ausgangspunkt: Wanderparkplatz Orketal (398 m) westsüdwestlich von Medelon an der Straße Medebach-Hallenberg.
Gehzeit: 4 Std. (18 km) hin und zurück.
Anstiege: 200 Höhenmeter.
Einkehr: Elkeringhausen (9 km).

Rad: Durch das Orketal führt ein Radweg, der im oberen Bereich (auf der Karte gestrichelt) geteert ist.
Ski: Am Medeloner Sportplatz beginnen Winterkasten-Loipe (15 km), ein Rundkurs via Bollenberg, Winterkasten und Bocksberg, und Bollenberg-Loipe (6 km).

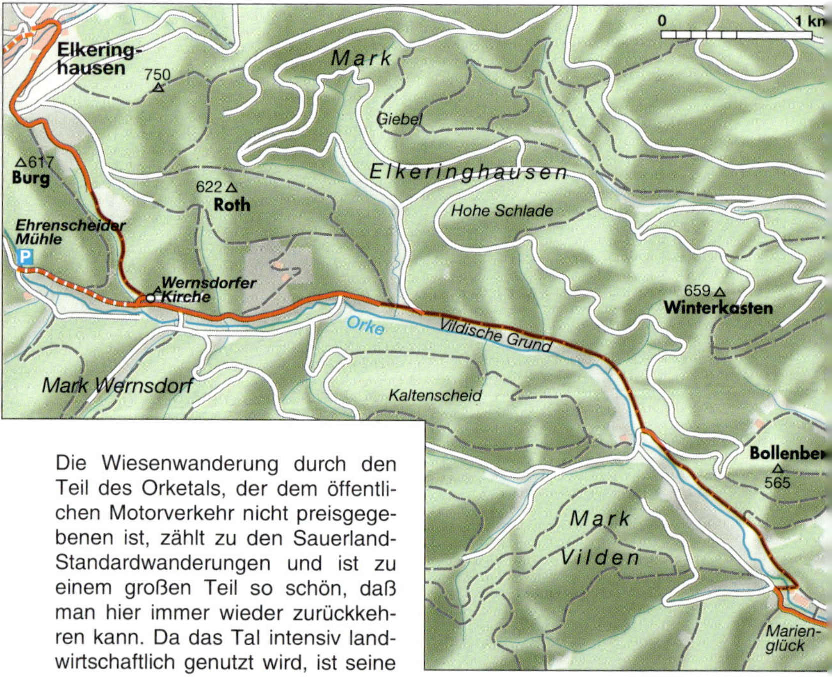

Die Wiesenwanderung durch den Teil des Orketals, der dem öffentlichen Motorverkehr nicht preisgegebenen ist, zählt zu den Sauerland-Standardwanderungen und ist zu einem großen Teil so schön, daß man hier immer wieder zurückkehren kann. Da das Tal intensiv landwirtschaftlich genutzt wird, ist seine Ruhe nur dann zu erleben, wenn keine Mähdrescher unterwegs sind – so oft ist das zum Glück nicht der Fall. Vom Parkplatz zieht ein für den öffentlichen Verkehr gesperrter Fahrweg in Flußaufwärtsrichtung. Wenn sich die Häuser der Siedlung **Marienglück** zeigen, überschreitet ein Steg die Orke, und am linken Ufer geht es weiter aufwärts. Uralte Laubbäume begleiten das Flüßchen: Feld-, Spitz- und Bergahorne, Erlen, Eichen, Eschen, Ulmen, aber auch Schlehen und andere Beeren. Wenn auf der Höhe des Forsthauses Kaltenscheid die Forststraße herüberwechselt, treten im Talabschnitt **Vildische Grund** Heuwiesen und Kuhweiden an die Stelle der Baumpracht, und sonnig durchzieht der Weg die ehemaligen **Winterberger Marken**. Die Besiedlung begann hier im 10./11. Jahrhundert; nach der Gründung von Winterberg um 1265 zogen die Märkner hinter die festen Mauern der Stadt, ihre Einzelhöfe fielen wüst. Die Ruine der **Wernsdorfer Kirche** – wenig mehr als die Grundmauern sind zu sehen – zeugen von dieser Wüstung. An der Ruine empfängt eine **historischer Wanderpfad**; er führt nach Winterberg-**Elkeringhausen**.

Die Orke plätschert über weite Strecken unbegradigt dahin, unterspült Ufer, läßt Sandbänke entstehen und dient Kühen und Kälbern als Tränke.

8 Ruhrquelle – Ruhrkopf

Spaziergang rund um die Quelle der Ruhr

Talort Winterberg: Auf der Winterberger Hochfläche liegt im Hochsauerlandkreis der heilklimatische Kurort Winterberg (700 m, 4500 Ew.), die höchstgelegene Stadt Westfalens und eines der bedeutendsten Wintersportzentren in Westdeutschland; weithin sichtbares Wahrzeichen ist die Georgs-Sprungschanze am Herrloh. Der kölnische Marschall Arnold von Hochstaden gründete die Stadt um 1265 am Schnittpunkt der alten Heidenstraße Köln – Kassel und der Straße Soest – Hessen.
Ausgangspunkt: Parkplatz an der Liftanlage am Hengstkopf (668 m) nördlich von Winterberg an der B 480 vor der Abzweigung der L 740 Richtung Küstelberg.
Gehzeit: 2 Std. (4 km) Rundwanderung.
Anstiege: Unter 100 Höhenmeter.

Die Ruhr entspringt im Hang des Ruhrkopfs, eines bewaldeten Hügels auf der Winterberger Hochfläche. Der mit dem Zeichen *xR* markierte Ruhrhöhenweg folgt dem 214 km langen Lauf des Flusses von der Mündung in den Rhein in Duisburg-Ruhrort bis zur Quelle. Dieser Wanderweg vermeidet die Straßen möglichst und verläuft meist auf den Höhen. Auf diese Weise läßt sich noch viel von den Schönheiten des »malerischen Ruhrtals« der Zeit der Romantik erleben, während die Industrie, die das Gebiet an Mittel- und Unterlauf ab dem 19. Jh. zum »Ruhrgebiet« werden ließ, umgangen wird. Die Sauerland-Partie des Ruhrhöhenwegs beginnt in Neheim an der Möhnemündung und führt via Arnsberg, Freienohl und Meschede nach Olsberg und weiter – nun meist neben der Bundesstraße – zur Quelle. Die Straßen im Quellgebiet schränken die Wandermöglichkeiten leider auf Spaziergangslänge ein, doch wer im Sauerland wandert, muß an der Quelle jenes Flusses gestanden haben, der wie kein anderer Leben und Landschaft im nördlichen Sauerland und außerhalb des Gebirges geprägt hat.
Ausgangspunkt ist der Lift-Parkplatz an der B 480 vor der Abzweigung der Landstraße Richtung Küstelberg. Von hier aus folgen wir der Ruhr quellwärts auf dem Ruhrhöhenweg. Das Tal am obersten Lauf der Ruhr hieß früher die Kalte Schlade und soll nicht geheuer gewesen sein: Nachts, so wird berichtet, durchstreifte dieses Tal ein großer schwarzer Hund mit glühenden

Der wirtschaftlich meistbeanspruchte Fluß der Erde entspringt in Stein gefaßt am Ruhrkopf, einem Hügel auf der Winterberger Hochfläche.

Augen und feuriger Zunge. Aber so schrecklich er auch aussah, niemals tat er, ohne gereizt worden zu sein, je irgend jemand etwas zu Leide.
Schon bald erreichen wir auf dem Ruhrhöhenweg die in Stein gefaßte, rege frequentierte **Ruhrquelle** im buchenbestandenen Nordosthang des Ruhrkopfs; sie ist vom Wanderparkplatz »Ruhrquelle« an der Landstraße Richtung Küstelberg aus in einer Minute zu erreichen. Von der Quelle folgen wir dem Weg aufwärts und biegen an der Verzweigung rechts auf den Weg Richtung **Ruhrkopf** ab – ein stimmungsvoller, einsamer Weg im Wald. An der größeren Wegverzweigung gehen wir rechts hinab und gelangen an einen Bach. Hier soll sich einst »die andere Ruhrquelle« befunden haben: Diese andere Quelle, so berichtet die Sage, speiste zwei Teiche, von denen der eine grundlos und so tief war, daß ein Heuwagen mitsamt den Pferden darin versinken konnte. Längst sind die Teiche verschwunden, doch noch immer ist das Gebiet der »anderen Quelle« recht stimmungsvoll. Begleitet vom Rauschen des Bächleins wandern wir zurück zum Ausgangspunkt.

9 Olsberg – Borbergs Kirchhof – Bruchhauser Steine, 756 m

Großartigstes Denkmal der Vorzeit in Westfalen

Talort Olsberg: Der Kneippkurort Olsberg (330 m, 15.600 Ew.) liegt im oberen Ruhrtal im Hochsauerlandkreis.
Ausgangspunkt: Kirche in Olsberg (330 m).
Gehzeit: 6 Std. (23 km) Rundwanderung.
Anstiege: 800 Höhenmeter.
Variante: Wer die Wanderung abkürzen will, nimmt in Bruchhausen den Bus zurück nach Olsberg.
Einkehr: Olsberg (0 km), Bruchhausen (13 km).

Zu den Höhepunkten dieser faszinierenden Ganztagswanderung zählen neben den aussichtsreichen Bruchhauser Steinen der ringumwallte Borberg und die Panoramafelsen auf dem Olsberg.
Von der **Kirche** in **Olsberg** leitet die Markierung *Raute* auf den buchengeschmückten **Borberg** mit einer **Marienkapelle** (Informationstafeln zur Archäologie) und weiter durch die Wälder, bis die Weitwandermarkierung *x* kreuzt, der wir nun rechts folgen. Kurz nach Kreuzen der Wasserscheide Rhein-Weser treten wir den Aufstieg zu den **Bruchhauser Steinen** (Informationstafeln zur Archäologie) an: Vorbei am **Bornstein** und am **Goldstein** geht es steil hinauf zum kreuzüberhöhten **Feldstein**, der eine wundervolle Aus-

Die sagenumwobenen Bruchhauser Steine.

sicht bietet. Vom Feldstein folgen wir der Beschilderung zum **Parkplatz 2**, gehen auf der Mautstraße kurz abwärts und biegen am Schild »Ausgang« auf einen Waldpfad ab, der in das Dorf **Bruchhausen** hinabführt. Dort folgen wir der Durchgangsstraße Richtung Olsberg und biegen kurz vor dem Ortsende mit der Markierung *Raute* links in die Wiesen ab, schließen uns bald der Markierung *x* an und lassen uns nach dem Eintritt in den Wald von der Markierung *4* auf den **Olsberg** lotsen. Vom aussichtsreichen Gipfelkreuz gehen wir kurz zurück, bleiben aber auf dem Bergrücken und vertrauen uns dem steilen Pfad an, der fast in der Fallinie abwärts führt, bis er auf den Hangweg *x* trifft: Diese Markierung leitet links zurück nach Olsberg.

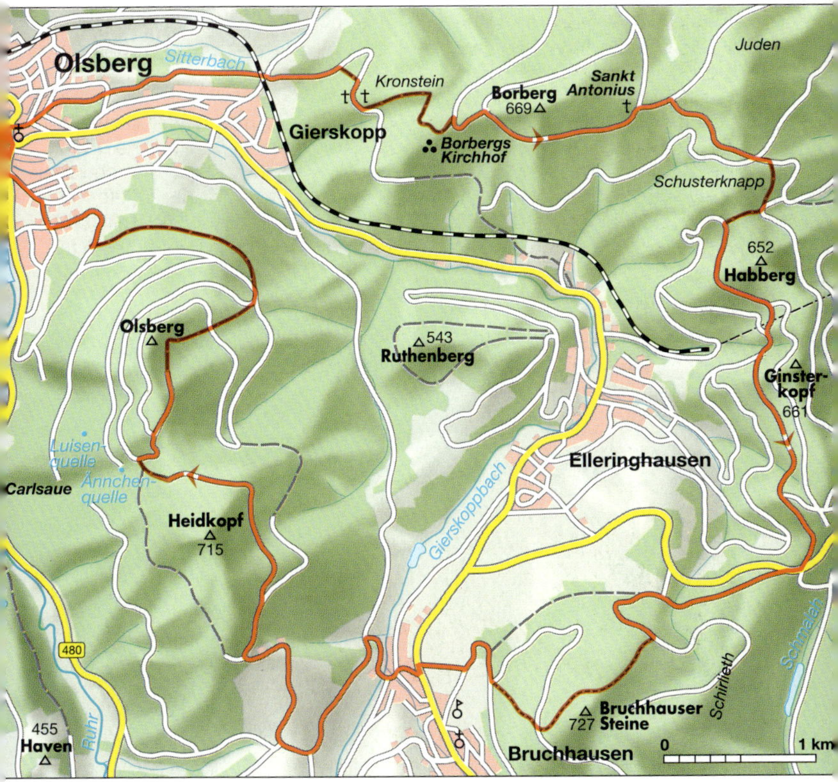

10 Buttenberg – Diemelsee

Reizvolle Höhen- und Seewanderung

Talort Hoppecke: Wo die Hoppecke das Rothaargebirge im Norden verläßt, liegt der Fremdenverkehrsort Brilon-Hoppecke (380 m). Zwei romanische Joche aus dem 12. Jh. an der katholischen Kirche verweisen auf die Ursprungszeit. Die Kirche, Anfang des 18. Jh. umgebaut und 1931 unter Einbeziehung älterer Bauteile neu errichtet, gilt als westlichstes Beispiel der sog. Wesergruppe.

Ausgangspunkt: Wanderparkplatz Buttenberg (580 m) südlich von Hoppecke.

Gehzeit: 4 Std. (13 km) Rundwanderung.

Anstiege: 250 Höhenmeter.

Abwechslungs-, aussichtsreich und bequem führt diese Wanderung, bei der Badezeug im Rucksack stecken sollte, zum Diemelsee, einer der vielbesuchten Freizeittalsperren des Sauerlands.

Nach Queren der Paßstraße weist die Markierung = auf einen grasigen Fichtenwaldweg auf dem Buttenberg-Nordhang. Bald zeigen sich die Felsfreistellungen auf dem **Großen Buttenberg**, ehe der Weg in pilzreichem Wald auf einen Pfad wechselt und am verfichteten **Köpfchen** (610 m) vorbeizieht; **Schnadesteine** (von 1769, auch 1825) erinnern an die Grenze zwischen Kurköln-Westfalen und Waldeck. Wenn = hinter einer Rodung vom Grenzweg rechts hinab abzweigt, folgen wir der Telegraphenlinie links hinauf und schwingen an der Schutzhütte rechts auf *x1*. Bequem und immer wieder mit feiner Aussicht auf die bäuerlich geprägte Umgebung zieht der Waldweg ostwärts, bis er oberhalb von Helminghausen aus dem Wald tritt und den Blick auf eine verblüffend bizarre Berglandschaft freigibt: Es ist jenes Bergland, in dem auf einem der Gipfel die sächsische Weltsäule, die Irminsul, gestanden haben soll (Obermarsberg, im Nordosten).

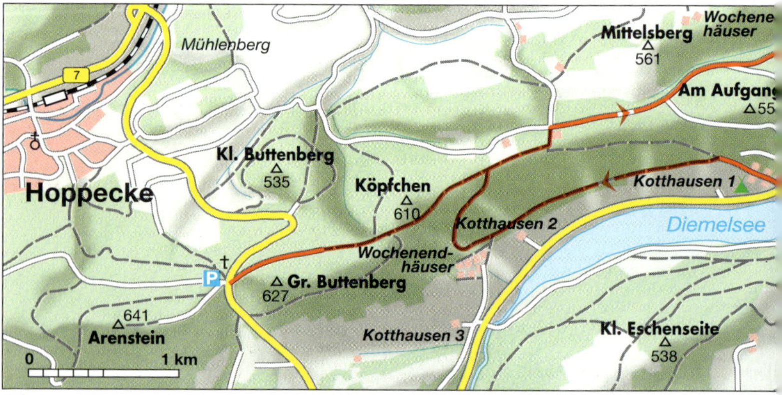

Rast an der großen Rodung am Kammweg. An der Rodung fällt der Blick zurück auf das Köpfchen und den an Steinbrüchen erkennbaren Bilstein.

Mit Blick auf den Eisenberg (rechts) und merkwürdige Kugelberge zieht der Weg durch offene Weiden- und Ackerflur in das Dorf Marsberg-**Helminghausen** hinab. Dort folgen wir *x* zur Kirche, überschreiten den Damm der Diemelsee-Nachsperre, ziehen am straßenabseitigen Ufer zur Staumauer, schwingen uns vor der 1923 fertiggestellten, 42 m hohen und 220 Mio m^3 Wasser stauenden Mauer in Serpentinen auf die Dammkrone, überschreiten sie und folgen dem Nordufer des Sees. Der **Diemelstausee**, das Herzstück des Naturparks Diemelsee, ist rundum von Straßen umgeben. An der **Schiffsanlegestelle** (Diemelseerundfahrten, 35 Min.) bzw. am **Bootsverleih** wechseln wir auf den Strand: Platz zum Baden gibt es genug. Wo rechts ein Bootsschuppen steht und dann Liegewiesen beginnen, verläßt die Route den Strandpfad, quert die Straße und hält mit *x* aufwärts, asphaltiert und mit weiter Aussicht. Wenn der Asphalt endet, wechselt *x* in den Hang und quert diesen, immer wieder mit weiter Aussicht, dann in Wald. Ehe *x* aus dem Wald läuft, halten wir geradeaus auf grasigem Weg unter Buchen, kurven mit ihm rechts und erklimmen in mäßig steilem Anstieg den Rücken, bis der bekannte Weg erreicht ist.

11 Diemelquelle – Paradies – Ettelsberg, 838 m

Dach des Waldecker Uplands

Talort Willingen: Am Ostfuß des Rothaargebirges liegt im hessischen Kreis Waldeck-Frankenberg die Gemeinde Willingen/Upland mit dem Kurort Willingen und dem Luftkurort Usseln. Beide sind vielbesuchte Wintersportzentren, mit 15 Liftanlagen allein in Willingen und Schwalefeld sowie fünf Liftanlagen in Usseln.
Ausgangspunkt: Wanderparkplatz Diemelquelle (660 m) südlich von Usseln an der kleinen Straße Richtung Diemelquelle.
Gehzeit: 4 Std. (16 km) Auf- und Abstieg.
Anstiege: 300 Höhenmeter.
Einkehr: Ettelsberghütte (8 km).

Diese bequeme Waldwanderung führt naturschön, ohne Straßenberührung und mit herrlichen Aussichtsstellen auf einen der höchsten Sauerlandberge; dieser ist von Willingen aus allerdings auch per Lift erreichbar.
Die **Diemelquelle** schüttet in der Senke zwischen Kahler Pön (774 m) und Emmet (742 m); nach 15 km wird sie aufgestaut zum Diemelsee (siehe Wanderung 10), nach 110 km mündet sie bei Bad Karlshafen in die Weser. Neben der Quelle finden sich Wassertretbecken, Bänke und Schutzhütte. An der Schutzhütte verläßt *x* den Quellbereich der Diemel, taucht unter hohe Fichten und schwingt auf einen Forstweg, auf dem es sacht aufwärts geht. Bald öffnet sich an der **Schutzhütte Knoll** weite Aussicht in das tief eingeschnittene, grünlandgenutzte Tal der Wilden Ah und die sich dahinter rundenden Berge in Hessen. Obwohl die Wanderung noch nicht alt ist, ist diese Stelle als Rast- und Schauplatz bestens zu empfehlen.
Am restaurierten **Schnadestein N 1** aus dem Jahr 1769, die Grenze zwischen Kurköln und Waldeck markierend, leitet *x* rechts hinüber in das

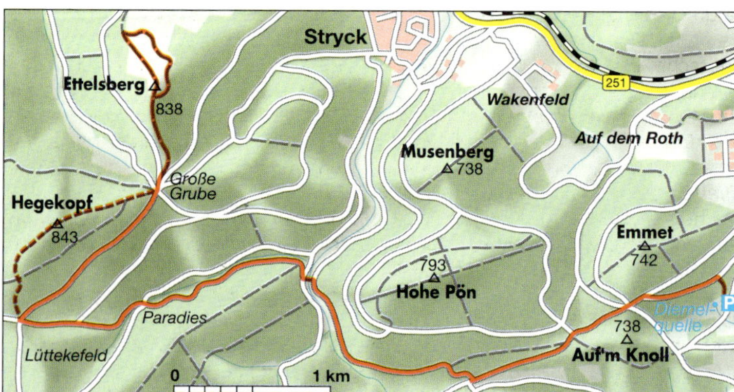

Wetterfichte auf der Ettelsberg-Gipfelheide, die viel Ähnlichkeit mit der Heide auf dem Astenplateau und mit dem Neuen Hagen aufweist.

naturschöne obere **Strycktal**, bald begleitet vom Plätschern der **Itter**, die hier als unbegradigtes Bächlein durch den grasigen Talgrund mäandriert. Nach Überschreiten der Itter auf der Steinbrücke **Am Waschkump** nehmen wir den oberhalb der **Wassertretstelle** rechts hinaufführenden, unmarkierten, in der Mitte grasigen Weg. Er schwingt in ein grünes Nebenbachtälchen hinauf und führt am **Paradies** vorbei, einer stellenweise zauberhaften Naturlandschaft. Wenn das Bächlein am ersten Weg überschritten ist, weist das Schild *Ettelsberg* die Route. Weiter oben am Südosthang des **Hegekopfs** (843 m), des neben dem Langenberg höchsten Sauerland-Gipfels, wartet erneut eine herrliche Aussichtsstelle, ehe die Wegespinne **Große Grube** mit Schutzhütte und Sitzbänken erreicht ist. Im 16./17. Jahrhundert wurde hier in Gruben Holzkohle gebrannt; die Willinger Schmelzöfen benötigten sie zur Eisenverhüttung. Neben den Fundamentresten eines 1939/40 errichteten Funkturms betritt der Weg das verheidete **Ettelsberg**-Gipfelplateau (838 m). Ein **Heiderundweg** führt zum **Kreuz** und leitet mit stellenweise großartiger Aussicht (nach Norden) über das Plateau.

12 Plästerlegge – Stüppel, 732 m

Vom Wasserfall zur Stüppel-Aussicht

Talort Bestwig-Ramsbeck: Beidseitig der oberen Ruhr liegt im Hochsauerlandkreis die Gemeinde Bestwig (300-700 m, 11 400 Ew.), zu der neben der namengebenden Stadt weitere Gemeinden zählen, darunter Ramsbeck im Valmetal am sagenumwobenen Bastenberg (745 m). Ramsbeck war Mittelpunkt eines Erzdistrikts, in dem ab dem 16. Jh. Blei- und Silberbergwerke betrieben und Silbermünzen geprägt wurden; die Bleidächer der Folterkammern von Venedig sollen aus Ramsbeck stammen.

Ausgangspunkt: Wanderparkplatz Reitmecke (440 m) an der Straße von Bestwig nach Siedlinghausen.

Gehzeit: 3 Std. (10 km) weitgehend Rundwanderung.

Anstiege: 300 Höhenmeter.

Einkehr: Wasserfall (2 km), Stüppel (4 km), Wasserfall (8 km).

Ski: Liftanlagen.

Vom Wasserfall Plästerlegge, dem in einem der eindrucksvollsten Naturschutzgebiete Westfalens gelegenen höchsten Wasserfall des Landes, leitet diese Wald- und Wiesenwanderung zur Stüppel-Kuppe, auf der sich eine faszinierende Aussicht auf die höchsten Sauerlandberge eröffnet. Die Panoramalage hat dazu geführt, daß die Gaststätte auf dem Berg auch per Sessellift erreichbar ist, die Nähe der Westernstadt »Fort Fun« macht sich optisch und durch eine Riesenrutschbahn bemerkbar, und im Winter wird das Gelände für Abfahrtsfreuden genutzt.

Vom Wanderparkplatz »Reitmecke« folgen wir der Markierung *3* links der Wiese bergwärts, treten in den Wald ein und erreichen die eindrucksvolle

Naturoase **Plästerlegge**, auch **Ramsbecker Wasserfall** genannt: Nur etwa 700 m nach Verlassen seiner Quelle stürzt der Bach über einen steilen Felsvorsprung etwa 20 m in die Tiefe und rauscht dann unter Buchen, Ahornen, Linden und Bergulmen durch das schluchtartige Tal.

An der Naturoase Plästerlegge – dem höchsten Wasserfall Westfalens – wachsen seltene Pflanzen und Moose.

Der Name Plästerlegge bedeutet »Plätscherfelsen«. Das glasklare, nicht trinkbare Wasser dieses höchsten Wasserfall Westfalens (der Bach entspringt in den Wiesen eines Viehweidegebiets) zerstäubt beim Herabstürzen. Auf den besprühten, immer feuchten Felswänden wachsen seltene Pflanzen und Moose, darunter das gelb blühende Zweiblütige Veilchen. Am Fuß des Wasserfalls befinden sich eine Aussichtskanzel und ein Rastplatz, von wo man den Blick auf den Wasserfall wunderbar genießen kann.

Von der Abzweigung unterhalb der Plästerlegge-Aussichtskanzel führt die Markierung *Raute* hinauf zur Siedlung Wasserfall, quert die Straße und hält an einer Kapelle vorbei auf einem asphaltierten, für den öffentlichen Verkehr gesperrten Weg zwischen Kuhweiden aussichtsreich bergwärts.

Allmählich verschwinden die Westernstadt und das Riesenrad aus dem Blickfeld. Oben an einer Schutzhütte bietet sich eine einzigartige Aussicht zu den Bruchhauser Steinen. Der Weg zieht weiter, an der Verzweigung biegen wir rechts ab, treten unter Fichten, wandern dann in prachtvollem Buchenhochwald aufwärts und erreichen die **Stüppel**-Kuppe mit Riesenrutschbahn, Liftbergstation, motorisiertem Karussel, Gaststätte – und einer wunderbaren Aussicht.

Wir steigen auf der nicht öffentlichen Gaststättenzufahrt wenige Meter ab und gehen sofort rechts auf einen unmarkierten Waldweg, der bald darauf auf den mit dem Zeichen *Raute* markierten Weg mündet. Der *Raute*-Markierung folgen wir zurück zum Plästerlegge-Wasserfall und wandern anschließend zum Ausgangspunkt im Elpetal.

13 Schmallenberg – Wilzenberg, 658 m – Schanze

Über den Wilzenberg zum Rothaarkamm

Talort Schmallenberg: Die Stadt Schmallenberg (338 m, 26.600 Ew.), Kneippkurort sowie wirtschaftliches und kulturelles Zentrum des oberen Sauerlands, liegt an der Lenne im Hochsauerlandkreis.

Ausgangspunkt: Kirche in Schmallenberg.

Gehzeit: 6 Std. (19 km) Rundwanderung.

Anstiege: 400 Höhenmeter.

Einkehr: Schmallenberg (0 km), Winkhausen (5 km), Oberkirchen (10 km), Schanze (14 km), Grafschaft (18 km).

Diese abwechslungsreiche, teilweise sehr aussichtsreiche Wanderung führt über den Wilzenberg, den »heiligen Berg« des Sauerlands.

Von **Schmallenberg** folgen wir der Markierung *x27* über die Lenne und zum steil aufragenden **Wilzenberg** (Kirche). Vom Aussichtsturm leitet die Markie-

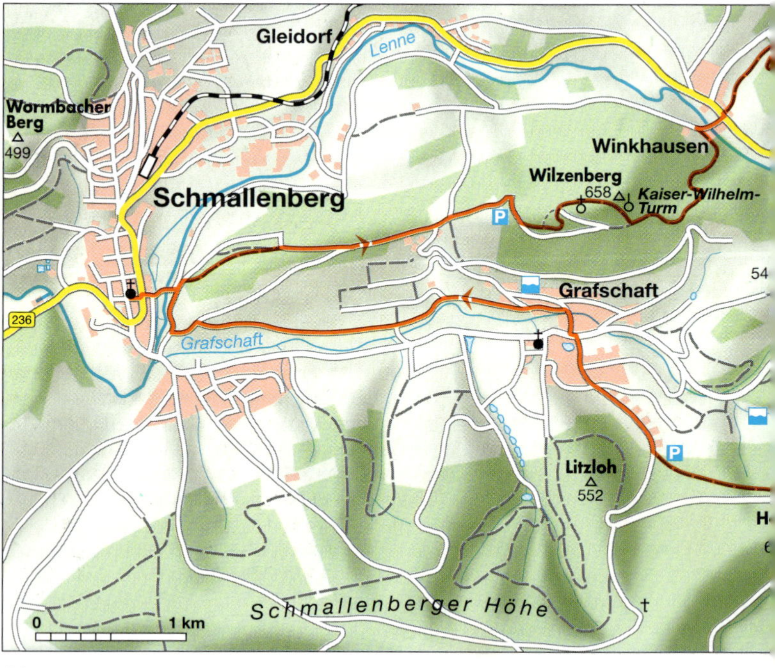

Bauernhaus im Grafschaft-Tal am Fuß des Wilzenbergs. Im Ort Grafschaft findet sich eine Vielzahl reich geschmückter Fachwerkhäuser.

rung *x* hinab in das Dorf **Winkhausen** im Lennetal und führt im Hang des **Knollen** zur Schutzhütte am **Weißen Kreuz**, wo wir uns der Markierug *x13* anschließen und in das Kirchdorf **Oberkirchen** im Lennetal absteigen.

Dort folgen wir dem Europäischen Fernwanderweg *E1* (auch Markierung *x2*) hinauf zum Waldweiler **Schanze**, einem beliebten Ausgangspunkt für Skiwanderungen auf dem Rothaarkamm. Nun erfolgt mit der Markierung *Raute* der bequeme, teilweise der Zufahrtsstraße folgende Abstieg in das einstige Klosterdorf **Grafschaft** im gleichnamigen Tal am Fuß des Wilzenbergs. Von Grafschaft führt die Markierung *x10* aussichtsreich zurück nach **Schmallenberg**.

14 Albrechtsplatz – Jagdhaus

Prachtvolle Kammwanderung

Ausgangspunkt: Wanderparkplatz und Bushaltestelle Albrechtsplatz (730 m) auf dem Rothaarkamm am Straßendreieck B 236 Winterberg – Schmallenberg / B 480 Winterberg – Bad Berleburg.
Gehzeit: 5-6 Std. (27 km) hin und zurück weitgehend selbe Route.
Anstiege: Gut 400 Höhenmeter.
Einkehr: Jagdhaus (14 km).
Ski: Die Strecke Jagdhaus–Albrechtsplatz und zurück ist Teil der am Rhein-Weser-Turm beginnenden Rothaarloipe (Tour 15).

Diese stille Waldwanderung führt in sachtem Auf und Ab über den westlichen Teil des Rothaarkamms zwischen Albrechtsplatz und Jagdhaus; Hin- und Rückweg erfolgen auf derselben Route.
Vom Albrechtsplatz folgen wir der Rundwegmarkierung *SR* im Wald hinauf zum **Albrechtsberg**, der Aussicht nach Norden in Richtung Arnsberger Wald bietet. Der wenig später erreichte **Heidenstock** erinnert der Sage nach daran, daß sich hier einst eine heidnische Opferstätte befand. Bald darauf wechselt der Rundweg auf einen Pfad neben einem Naturwaldreservat und erreicht die Rodung **Kühhude**. Ab hier gibt die Markierung *x* des *Sauerlandwegs* auf dem Rothaarkamm die Route vor. Alte Grenzsteine erinnern daran, daß der Kamm die jahrhundertealte Grenze zwischen dem katholischen Kurköln-Westfalen und dem evangelischen Wittgenstein trug. Nach Überschreiten des Saukopfs bietet sich am **Brandwald** Aussicht, auch am **Großen Kopf** dürfen wir weit ins Land blicken. Dann passieren wir die Schutzhütte an der **Millionenbank** und erreichen die gepflegte Siedlung

Buchenwald auf dem Albrechtsberg.

Jagdhaus. Diese Rodungsinsel mitten im Wald trägt ihren Namen nach einem Jagdhaus, das ein Graf Fürstenberg um 1735 für einen Jagdschutzbeamten errichten ließ. Um 1900 begann der Wandel des einstigen Wohnplatzes von Waldarbeitern und Köhlern zu einer beliebten Sommerfrische.
Von Jagdhaus wandern wir auf demselben Kammweg zurück zur **Kühhude-**Rodung und setzen unseren Weg nun mit der Markierung *x* des *Sauerlandwegs* fort. Ruhig leitet er durch die Wälder, ein schöner Rastplatz ist zuletzt die **Friedensquelle** unter prachtvollen Buchen.

15 Rhein-Weser-Turm – Härdler, 756 – Jagdhaus

Über das Dach des Rothaargebirges

Talort Oberhundem: Der Luftkurort und Wintersportplatz liegt im Hundemgrund; siehe Wanderung 16.
Ausgangspunkt: Bushaltestelle und Großparkplätze (680 m) am Rhein-Weser-Turm auf dem Rothaarkamm südöstlich von Oberhundem an der Straße Richtung Bad Berleburg.
Gehzeit: 5 Std. (20 km) Rundwanderung.
Anstiege: 200 Höhenmeter.
Einkehr: Rhein-Weser-Turm (0 km), Jagdhaus (10 km).
Ski: Der Rhein-Weser-Turm ist Ausgangspunkt der Rothaarloipe via Jagdhaus zum Albrechtsplatz (siehe Wanderung 14) und zurück (52 km), der Härdler-Loipe (16 km) und weiterer Loipen.

Diese klassische Rothaarkammwanderung führt auf bequemen Wegen überwiegend durch schattigen Wald. Die Beschilderung läßt verkürzende Rundwander-Varianten zu, ermöglicht aber auch reizvolle Abstecher.
Der **Rhein-Weser-Turm** vermittelt Übersicht: Die auf den Rothaar-Nordhängen entspringen Bäche (Hundem) durchfließen das Sauerland und entwässern zum Rhein; die Bäche des Südhangs (Somborn) durchfließen das Wittgensteiner Land und eilen der Weser zu; der Südwestausläufer des Rothaarkamms trennt Wittgensteiner und Siegerland.
Neben einer Loipen-Übersichtstafel an der Straße taucht *x10* unter Fichten und weist in recht unterschiedlichem Wald – vom aussichtsreichen Kahlschlag bis zum wundervollen Buchendomrest – die 4 km bis zur Wegespinne am **Margarethenstein** (685 m, Schutzhütte). Nun leitet *x6* zum **Härdler** (756 m) hinauf, der höchsten Erhebung des Rothaarkamms; eine Bank lädt zur Rast, doch Forstfichten versperren die Sicht. Den Rückweg von der

Der Rhein-Weser-Turm wurde 1932 als Aussichtsturm auf dem Rothaarkamm auf der Wasserscheide zwischen Rhein und Weser errichtet.

Siedlung **Jagdhaus** (620 m) weist *x10*, zeitweise neben einer kleineren Straße, dann an der **Sombornquelle** vorbei. Zuallerletzt heißt es aufpassen, da *x* unvermittelt vom breiten Weg links auf einen Fast-Pfad abzweigt.

16 Oberhundem – Ilberg, 621 m – Heiligenborn

Die Alpen des Sauerlands

Talort Oberhundem: Im Hundemgrund liegt am Nordwesthang des Rothaarkamms im südsauerländischen Kreis Olpe der Luftkurort und Wintersportplatz Oberhundem (400 m, 1000 Ew.), Teil der Gemeinde Kirchhundem; vgl. Foto S. 11.
Ausgangspunkt: Rastplatz (440 m) am nordöstlichen Ortsrand von Oberhundem. Ab Ortsmitte der Hundem folgen.
Gehzeit: 5 Std. (20 km) Rundwanderung. Wenn man nur zum Heiligenborn geht und wie vorgeschlagen zurückkehrt: 12 km.
Anstiege: 600 Höhenmeter.
Einkehr: Alpenhaus (5 km).

Diese Wanderung auf dem Bergkamm zwischen Hundemgrund und Lennetal bietet hervorragende Ausblicke auf das »Land der 1000 Berge«.
Vom Rast-, Grill- und Spielplatz am Rand von Oberhundem folgen wir der Markierung *x18* aufwärts im Tal der Hundem, die in weißen Kaskaden durch ihr Bachbett rauscht. Einer der Hundem-Quellbäche entspringt am **Riesenberg**, wo unser *x*-Weg links kurvt und die erste Aussichtsstelle erreicht: Bergrücken staffelt sich hinter Bergrücken, in der Ferne rundet sich das Ebbegebirge. Wenig später blicken wir im **Kahleberg**-Südhang auf den

Der grüne Hundemgrund mit Blick auf Oberhundem und den Rothaarkamm.

Rothaarkamm mit dem Rhein-Weser-Turm. Nun taucht die Markierung *x* wieder in den Wald ein, schwingt bald rechts hinauf, steigt zum **Alpenhaus** ab und erreicht die Wegespinne **Potsdamer Platz**, wo Bänke und Tisch zur Rast laden. Von hier folgen wir der Markierung *x6* Richtung Steinernes Kreuz. Bald nach Passieren eines Holzkreuzes fällt der Blick hinab in den Hundemgrund, gegenüber zeigt sich der Rothaarkamm mit dem Härdler. Wenige Schritte später ist am **Ilberg** fast das gleiche Panorama zu bewundern, doch hier lädt eine Sitzbank zur Rast. Nun leitet die Markierung *x* abwärts, doch kurz vor Erreichen des **Steinernen Kreuzes** (Rastplatz an einer Straße) zweigen wir mit der Markierung *L* rechts hinauf ab und wandern auf der Lenneseite des Kamms zurück, immer wieder an Aussichtsstellen vorbei: Die Häuser 300 m weiter unten im Tal wirken wie Spielzeug, jenseits erhebt sich eindrucksvoll das Massiv der Saalhauser Berge.
Wenn wir mit der Markierung *L* zum **Potsdamer Platz** zurückgekehrt sind, folgen wir der Markierung *x6* asphaltiert abwärts an einer Schutzhütte vorbei zum **Heiligenborn**, einem Rastplatz mit Tischen und Bänken. Das Wasser des Heiligenborns soll gegen Augenleiden helfen. Von der legendenumwobenen Quelle leitet *x6* pfadartig zu einem Forstweg hinauf und umrundet den Kahleberg. Wo an einer Forstwegekreuzung auf dem Sattel zwischen Kahle- und Riesenberg eine Sitzbank steht, verlassen wir die Markierung *x*, folgen dem Schild »Oberhundem« und treffen nach wenigen Metern auf den bekannten Weg *x18*: Er führt zurück zum Ausgangspunkt.

17 Gleierbrück – Rinsleyfelsen – Hoher Lehnberg, 667 m

Aussichtsreich durch die Saalhauser Berge

Talort Gleierbrück: Wo das in die Saalhauser Berge schneidende Gleietal in das obere Lennetal mündet, liegt im südsauerländischen Kreis Olpe der Ort Gleierbrück, Teil des Luftkurorts Saalhausen (300 m) in der Gemeinde Lennestadt. Bis 1913 hieß Gleierbrück »Totenohl«, da hier im Gasthaus an der Gleierbrücke die Leichenzüge rasteten, die die Toten lenneaufwärts bis Schmallenberg und nach Wormbach karrten. In Gleierbrück wohnte die Sauerland-Schriftstellerin Josefa Berens-Totenohl (1891-1969, »Der Femhof«, »Im Moor« u.a. Romane), der hier eine museale Gedenkstätte gewidmet ist. In Saalhausen stehen prächtige Fachwerkhäuser.

Ausgangspunkt: Wanderparkplatz Rinsleyfelsen (340 m); von der B 236 Altenhundem – Schmallenberg in Gleierbrück Richtung Bracht.

Gehzeit: 3 Std. (9 km) Rundwanderung.

Anstiege: 350 Höhenmeter.

Diese Waldwanderung zum ringumwallten Hohen Lehnberg in den Saalhauser Bergen wartet mit hervorragenden Aussichtsstellen auf.

Vom Wanderparkplatz Rinsleyfelsen folgen wir einem **Waldlehrpfad** waldeinwärts und an der ersten Verzweigung bachaufwärts. Landschaftlich sehr schön folgt der Lehrpfad dem durch Wiesen mäandrierenden Bächlein und erreicht zuletzt einen Rastplatz bei Privathütten. Hier schließen wir uns der Markierung *x18* an, die links hinauf Richtung Lehnberg strebt. Nach wenigen Dutzend Metern zweigt – leicht zu übersehen – die Markierung *weißes Dreieck* rechts auf einen unscheinbaren Weg ab und führt steil durch einen von bemoosten Felsplatten durchsäten Eichenhain zu den kreuzbezeichneten **Rinsleyfelsen**. Diese unter Naturschutz stehende Felsbastion zählt zu den schönsten natürlichen Aussichtsthronen im Sauerland.

Vom hinteren Felsen folgen wir der Markierung *Dreieck* weiter bergwärts, halten am ersten Weg links, kommen erneut an einer Aussichtsstelle vorbei und gehen dann mit der Markierung *x* den Lehnberg an. Wo die Markierung aus dem Forst tritt und rechts will, halten wir auf einem Pfad links, überschreiten Reste des Ringwalls und treten auf den **Hohen Lehnberg**: Die

Sicht nach Norden Richtung Homert und Arnsberger Wald ist grandios, im Westen runden sich die »1000 Berge«, im Osten zeigt sich der Himberg, der höchste der Saalhauser Berge.
Vom Lehnberg kehren wir zurück zur Stelle, wo die Markierung *x* aus dem Forst trat; die Markierung leitet rechts zu einer Sitzbank mit rundem Steintisch hinüber – ein schöner Rastplatz, wir aber folgen der *Dreieck*-Markierung geradeaus und lassen uns zum **Lehnborn** hinableiten, einer Quelle im Buchenhochwald. In Serpentinen leitet das Zeichen *Dreieck* bachabwärts, überschreitet den Bach und trifft auf einen Forstweg, der links in den Wald führt. Abwechslungsreich geht es mit Blick in das tiefe Gleietal, das der mittelalterliche »Kriegerweg« Siegen-Meschede durchzog, und auf die jenseits aufragenden Berge zurück zum Ausgangspunkt.

Der unter Naturschutz stehende Rinsleyfelsen wird auf einem Felssteig erreicht. Er ist an mehreren Stellen ohne Kletterei betretbar und bildet eine exzellente Rast- und Sonnenbadestelle mit phantastischer Aussicht (vgl. auch Foto Seite 14).

18 Haberg – Schwarzbachtal – Rhein-Weser-Turm

Abwechslungsreiche Wanderung durch den Rüsper Wald

Die Haberg-Heide zeichnet sich durch das reizvolle Miteinander von Birken, Kiefern, Einzelfichten, Ebereschen und Wacholdern aus. Der Sauerländische Gebirgsverein hat die Heide vor der Umwandlung in eine Fichtenmonokultur gerettet.

Talort Heinsberg: Wo sich nördlich des Rothaarkamms mehrere Tälchen zum Tal des Heinsberger Bachs vereinigen, liegt im südsauerländischen Kreis Olpe Heinsberg (420 m), Ortsteil von Kirchhundem.
Ausgangspunkt: Wanderparkplatz Hochheide (600 m) ostsüdöstlich von Heinsberg. In Heinsberg ›An der Kirche‹ und rechts Richtung Hochheide.
Gehzeit: 4 Std. (15 km) Rundwanderung.
Anstiege: 350 Höhenmeter.
Einkehr: Rhein-Weser-Turm (5 km).
Ski: Die Dreiherrnstein-Loipe (13 km) beginnt in Heinsberg und führt via Stauweiher, Oberndorfer Höhe, Dreiherrenstein und Haberg zurück.

Diese Wanderung zeichnet sich überwiegend durch Naturschönheit und Ruhe aus, doch leidet der Abstieg vom Rhein-Weser-Turm nach Rüspe ein wenig unter der Nähe der Landstraße Oberhundem-Erndtebrück.
Von der **Haberg**-Heide leitet *x10* zwischen Fichten talwärts, an einem **Teich** vorbei, knickt im Tal links, überschreitet das Bächlein und zweigt sofort rechts ab. Hier hat der **Schwarzbach** den Forstweg weggespült und zwingt uns auf einen Pfad. Nach Überschreiten einer Holzbrücke kurvt *x10* links und strebt hoch über dem Wiesentälchen quellwärts. **Am Knüll** (620 m) lädt eine Schutzhütte mit Bänken und Tisch zur Rast, wenig später ist der **Rhein-Weser-Turm** erreicht (siehe Wanderung 15).

Nach Queren der Straße taucht die Rothaarloipe in den Wald, bis *x18* rechts abzweigt, kurz und gefährlich auf die Serpentinenstraße, dann asphaltfrei. Rasch zieht der Waldweg talwärts, zuletzt aussichtsreich in offener Flur, bis gegenüber der **Hubertus-Kapelle** (1956) von **Rüspe** eine *weiße Raute* bergseitig abzweigt. Still wird es wieder bei der **Krummen Frau** (600 m), einem Waldkopf, von dem die *Raute* recht aussichtsreich ins Schwarzbachtal zurück zieht. Hier ist ein Abstecher talabwärts durch das Naturschutzgebiet **Schwarzbachtal** zu empfehlen. In krassem Gegensatz dazu steht die Naturvernichtungs-Szenerie, die der Weg bachaufwärts durchzieht. Auf der Holzbrücke wird der Schwarzbach wieder überschritten, und an der Verzweigung oberhalb führt *A4* durch ein Bachtälchen aufwärts zu einer **Schutzhütte** (mit Bänken und Tisch), an der der Blick über die Wiesen zurück zur Krummen Frau schweift und weiter hinten auf den Hohe-Hessel-Sendeturm (743 m) trifft. Von der Schutzhütte leitet ein unmarkierter Schneisenweg zur Haberg-Heide zurück.

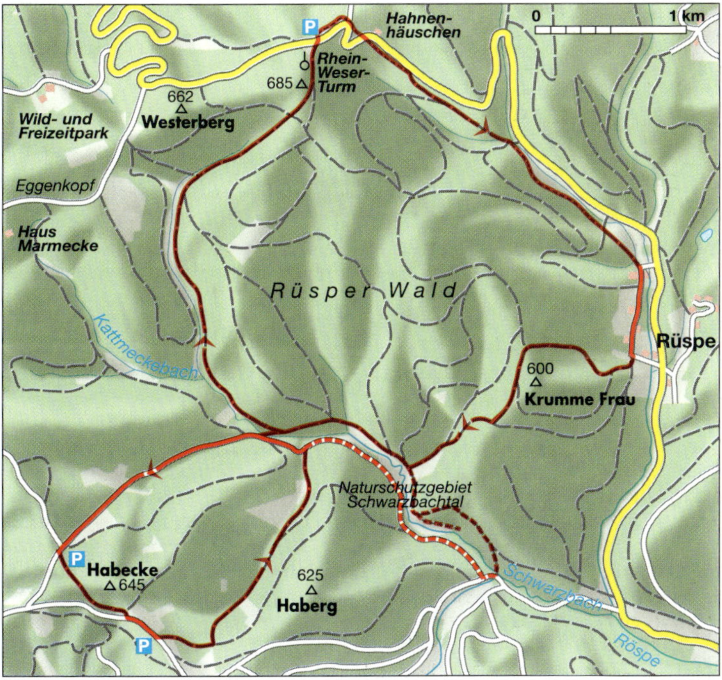

19 Albaumer Klippen

Aussichtsreiche Klippen- und Höhenwanderung

Talort Kirchhundem: Wo die Flape in die Hundem mündet, liegt im südsauerländischen Kreis Olpe Kirchhundem (300 m), Verwaltungssitz der gleichnamigen Gemeinde (12 800 Ew.). Fachwerkhäuser prägen das Ortsbild (Foto S. 25).
Ausgangspunkt: Wanderparkplatz Albaumer Klippen (380 m) südöstlich von Kirchhundem. In Kirchhundem Richtung Panoramapark; in Würdinghausen Richtung Albaum und zum Parkplatz links hinter dem Ortsausgangsschild.
Gehzeit: 4 Std. (11 km) Rundwanderung; ohne Panoramapark 8 km.
Anstiege: 350 Höhenmeter.
Einkehr: Panoramapark (6 km).

Im Kontrast zu dieser ruhigen Waldwanderung mit ihren hervorragenden Aussichtsstellen steht das Freizeitzentrum »Panoramapark Sauerland«, zu dem wir einen Abstecher unternehmen.
Vom Wanderparkplatz folgen wir dem Asphaltweg zunächst bachabwärts und wandern dann rechts im Wald hinauf, wobei sich bei Queren eines Kahlschlags der Blick auf Albaum und das Tal des Heinsberger Bachs öffnet. Wo am **Marienbildstock** Bänke und Tisch zur Rast laden, zweigt der mit dem Zeichen *weißer Strich* markierte *Klippen*-Pfad ab: Er führt durch einen krautreichen Eichen-Buchen-Wald, quert erneut den Kahlschlag und verwandelt sich am Waldrand in einen Weg, auf dem das Zeichen *weißer Strich* zu den **Albaumer Klippen** hinaufführt, einer von Eichen-Buchen-Wäldern und kleineren Blockmeeren umgebenen Felsgruppe hoch über dem Tal des Albaumer Bachs. Einer der Felsen ist als Rast- und Aussichtskanzel eingerichtet mit wundervollem Blick auf das Dorf Albaum, die Kuppe der Hohen Bracht und das Kloster Maria Königin. Wie die Sage berichtet, wohnten früher in einer Höhle der Albaumer Klippen die kräuterkundigen Schanhollen. Sie wurden besonders bei Krankheiten um Rat gefragt. Da die Menschen die Höhle nicht betreten durften, trugen sie ihre Wünsche der

Von der geländergesicherten Aussichtskanzel auf den Albaumer Klippen fällt der Blick auf Albaum, Hohe Bracht und Kloster Maria Königin.

Zwergenwache vor dem Höhlentor vor und fanden dort am folgenden Tag ein Päckchen mit dem Heilmittel.

Von der Aussichtskanzel folgen wir dem Zeichen *weißes Dreieck* auf die Südseite der Felsen, queren ein Blockmeer, gelangen an eine Sitzbank und wandern zwischen Forst und lichtem Laubwald, in dem sich weitere Klippen verstecken, sacht aufwärts. Wer am ersten Querweg links geht, erreicht ein Gelände, das eine prächtige Aussicht bietet, doch unsere *Dreieck*-Markierung führt an diesem Querweg rechts weiter. Wir überschreiten die **Lichtenhardt**-Kuppen und gelangen an den Milsenberg. Während die *Dreieck*-Markierung vor dem Gipfel rechts abzweigt, gehen wir geradeaus, überschreiten auf einem Grasweg die **Milsenberg**-Kuppe, und stoßen auf einen Asphaltweg. Schnurgerade leitet er im Forst nordwärts, während sich akustisch der **Panoramapark** bemerkbar macht: Bumperboats, Rollerbob, Riesenrutschbahn, Oldtimer-Railroad und andere technische Segnungen vermitteln hier Freizeiterlebnisse; angeschlossen ist ein Wildpark.

Vom Freizeitpark kehren wir auf demselben Asphaltweg zurück. Kurz nachdem er wieder in den den Forst eintaucht, zweigt rechts die Markierung *weißer Punkt* ab und leitet zu den **Albaumer Klippen** zurück.

Nachts geht, wie eine andere Sage berichtet, an den Albaumer Klippen ein Hund um, der Schliepetieve: Er liebt es, sich von Wanderern ein Stück Weges tragen zu lassen.

20 Welschen-Ennest – Littfequelle – Silberg

Waldwanderung an der Wasserscheide zwischen Ruhr und Sieg

Talort Welschen-Ennest: Im Rahrbachtal liegt im südsauerländischen Kreis Olpe der Ort Welschen-Ennest (400 m), Teil der Gemeinde Kirchhundem. Welschen-Ennest ist im Rahrbachtal der höchstgelegene Ort an der 1861 eröffneten Ruhr-Sieg-Bahn von Hagen über Altenhundem nach Siegen.
Ausgangspunkt: Bahnhof (400 m) Welschen-Ennest.
Gehzeit: 2 Std. (7 km) Rundwanderung.
Anstiege: 300 Höhenmeter.

Diese kurze, stille, an einigen Punkten recht aussichtsreiche Waldwanderung läßt sich zu einer feinen 20-km-Rundwanderung erweitern.
Bergseitig der Bahngleise führt x *Am Wolfshorn* in Talauswärtsrichtung an sehenswerten Fachwerkhäusern vorbei, geht auf der *Alten Königstraße* den Hang an und schlängelt sich bis zu pfadartig schmal unter Fichten, dann in Laubwald rasch aufwärts. Unterwegs bietet sich Blick zurück auf Welschen-Ennest und die Berge jenseits des Tals, über die wir von links nach rechts gehen, wenn wir die Wanderung verlängern. Die Erweiterungswanderung zweigt wenig später auf der Wasserscheide zwischen Ruhr und Sieg an einer Schutzhütte (550 m) ab: Sie folgt dem Kammweg abwärts und läßt sich von der *Raute* über die bewaldeten Höhen über dem Rahrbachtal führen, über das Kölsche Heck, über den funkturmbekrönten Gühberg, aussichtsreich durch die Wiesen oberhalb von Rahrbach, über den jungverfichteten und auf Wanderkarten falsch mit einem Rundblickzeichen versehenen Berg südwestlich von Rahrbach und zum Grevenstein; dort geht es über Engelsberg und Rothenstein wie Wanderung 28 nach Fahlenscheid und weiter wie Wanderung 27 bis fast zur Einsiedelei, ehe die **Raute** zurück nach Welschen-Ennest führt.
Die hier vorgeschlagene kleine Rundwanderung zieht von der Schutzhütte zur in Stein gefaßten **Littfequelle**. Tatsächlich entspringt das Bächlein weiter oben; von dort wird sein Wasser in Rohren der »Quelle« zugeleitet; in Kreuztal mündet die Littfe in den der Sieg zustrebenden Ferndorfbach. Wenig später verzweigt sich der Weg an den ersten Häusern von Silberg. Hier bietet sich je nach Jahreszeit ein Abstecher an: Mit *x* südwärts und ausgeschildert zum Sellenbruch, einem mit Birkenbruchwald bestockten Hangmoor mit den in Deutschland größten Vorkommen des selten gewordenen, geschützten

Königsfarns. – An der Verzweigung schwingt die Route links und folgt grob dem Waldsaum, bis bei einer Ruine an einem Haus eine schöne Sitzbank auf einer begrünten Abraumhalde zu entdecken ist. Hier bietet sich eine schöne Sicht auf Silberg und das abgeschiedene Tal des Silberbachs. Die Ruine und die Halde erinnern an den im Raum Silberg bis in die 30er Jahre betriebenen Bergbau auf Eisen-, Blei-, Silber- und Zinkerz.
Wenig später entführt der *Winkel* wieder im Wald bergwärts, bis an einer Wegespinne die *Raute* bequem nach Welschen-Ennest zurückleitet; kurz hinter der Spinne laden Tisch und Bank an einer Schutzhütte zur Rast.

Von der Straße oberhalb von Brachthausen fällt der Blick auf Silberg (Mitte), Wolfshorn (rechts) und den sendeturmbekrönten Gühberg.

21 Ginsberger Heide – Riemen, 678 m – Dreiherrnstein – Haberg

Über den höchsten Siegerland-Berg

Talort Hilchenbach: Siehe Wanderung 24.
Ausgangspunkt: Ginsberger Heide (600 m) südöstlich von Hilchenbach.

Gehzeit: 5 Std. (18 km, ohne Ginsburg) hin und zurück.
Anstiege: 200 Höhenmeter.
Einkehr: Ginsberger Heide (0 km).

Die Ginsberger Heide ist ein Moor mit Pfeifengras, Wollgräsern und Torfmoosen, eingestreuten Einzelfichten, Birken und Weidenbüschen. Die kleinen Moore entstanden ab dem Frühmittelalter in flachen, wannenartigen Senken, die wegen des zu geringen Abflusses versumpften.

Die Umgebung der **Ginsberger Heide** ist ein vielbesuchtes Familienausflugsgebiet. Beim Gaststättenparkplatz zweigt ein Fußweg zu **Burg Ginsberg** ab, einer 1292 erstmals erwähnten Höhenburg. Hinter der Gaststätte, von der der Blick hinüber auf Giller und Skizentrum (Wanderung 22) fällt, finden sich ein Parkplatz und ein kleiner **Baumlehrpfad**. Nun leitet die *weiße Raute* des

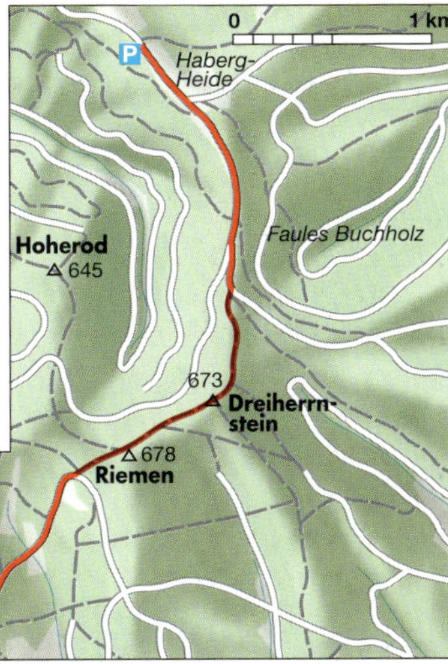

Siegerland-Höhenrings bequem über die bewaldete **Buchhelle** zum Rast-, Grill- und Spielplatz an der **Ferndorfquelle**. Sie ist beim ersten Mal nicht einfach zu finden: An der Schutzhütte kurz talwärts, dann am Schild rechts. Der Weg zum Riemen folgt *x10* auf dem Waldkamm: An einem Angelteich vorbei, zum **Riemen** (678 m) hinauf – auf dem höchsten Siegerlandberg stehen im Forst eine Sitzbank und eine Einzelfichte, Aussicht bietet sich nicht –, und auf einem Wurzelweg zum **Dreiherrnstein** mit Schutzhütte, Bänken und Tisch; hier ist das alte Dreiländereck zwischen Siegerland, Wittgensteiner Land und Sauerland erreicht.

Das letzte Wegstück ist ein wenig breit, doch es lohnt, einen Blick auf die **Haberg**-Heide zu werfen, »die Lüneburger Heide des Sauerlands (Wanderung 18), wo erneut eine Schutzhütte zur Rast lädt.

22 Siegquelle – Ederquelle – Giller, 653 m

Genußvolle Höhen- und Talwanderung im Siegerländer Rothaar

Talort Netphen: Im Quellbereich von Sieg, Eder, Lahn und Netphe liegt im Kreis Siegen-Wittgenstein die Gemeinde Netphen (290 m, 23 800 Ew.).
Ausgangspunkt: Wanderparkplatz Siegquelle (650 m) östlich von Netphen.
Gehzeit: 6 Std. (32 km) zum Teil Rundwanderung.
Anstiege: 400 Höhenmeter.
Einkehr: Lützel (11 km), Giller (12 km).

Abwechslungs- und aussichtsreich erschließt diese bequeme Wanderung den Rothaarkamm im Siegerland sowie das urige Gillertal. Die Route berührt mehrfach Wanderparkplätze, von denen aus sich reizvolle Kurzwanderungen unternehmen lassen; besonders zu empfehlen sind hierfür der Parkplatz Dreifichten und der Parkplatz unterhalb vom Afholderbacher Weiher.
Die **Siegqelle** liegt an der historischen **Eisenstraße**, die in etwa dem Kamm folgt und weiter südlich die Ilmquelle und den Quellteich der Lahn (Wanderung 23) passiert. Die *Raute*, die oberhalb der Siegquelle die Straße Richtung *Großenbach* kreuzt, weist bis zum Giller die Route. Stimmungsvolle Rastmöglichkeit bietet sich nach Durchschreiten des aussichtsreichen **Benfe**-Tals im Laubwald an der **Ederquelle**, ehe der Weg unter Fichten weiterzieht, vorübergehend von Tafeln eines **»Waldschadenslehrpfads«** begleitet, und dann ins Bachtälchen der oberen **Netphe** stößt, oben am Hang bleibend. Die Aussicht hier läßt staunen: Steil stürzt der Hang in das tief eingeschnittene Tal, unten blinkt der Sohlbacher Weiher, den wir auf dem Rückweg berühren, hinten zeigt sich der Giller, erkennbar an der Rasur. Am Parkplatz »Dreifichten« quert die *Raute* erneut die Eisenstraße und zieht zum Waldrand am **Dicken Rücken**; eine Bank lädt zur Rast mit Blick in Sonnenuntergangsrichtung auf ein Meer von Bergen, darunter Kindelsberg und Giller sowie Westerwald mit Fuchskaute, wiederum ist nichts Technisches in Sicht – nur Berge, Viehweiden und Kühe.
Nun leitet die *Raute* einige scheußliche Minuten an der Straße entlang in die Ortschaft Lützel hinab und zieht zum **Giller** (653 m) hinauf. Auf der Gipfelkuppe steht ein Aussichtsturm aus Eisen, umgeben von Fichten, die die Aussicht in einiger Zeit ganz nehmen dürften. Der Blick fällt nicht mehr nur auf Westerwald und Kindelsberg, weitere Siegerland-, Sauerland- und Wittgensteiner-Land-Berge sind in Sicht, und fast greifbar nah zeigt sich der Bergfried von Burg Ginsberg. Wer den Rucksack schon leergegessen hat, kann hinüber zum **Pfaffenhain** (653 m) gehen: Dort steht am Pistenkahlschlag eine Gaststätte mit Blick auf die Ginsberger Heide (Foto Seite 66).
Vom Sattel zwischen Gillerberg und Ski-Zentrum senkt sich die *Raute* auf dem Sträßchen hinab zur Heide und erreicht beim Sportplatz Wegetafeln, die darauf hinweisen, daß noch 20 km vor uns liegen. *x3*, das ab jetzt die Route weist, taucht unter hohe Fichten, tanzt auf einem Pfad unter dem Blätterdach

halbwüchsiger Buchen talwärts, quert ein gefährliches Bundesstraßendreieck, hält weiter talwärts, springt über ein Eisenbahngleis, dann wird es still: **Gillertal** heißt das weitgehend weltvergessene Tälchen, in das *x3* entführt. Der Weg bleibt zunächst am Hang, und es heißt aufpassen, daß die Talabzweigung nicht verpaßt wird, denn was da an einer alten, bemoosten Buche abzweigt, sieht nicht aus wie ein Wanderweg: Mäßig steil rutscht der stellenweise nasse Gras- und Krautpfad zwischen üppigem Grün in den Talgrund. Still ist es hier, die Markierungen sind alt. In stimmungsvollem, hohem Mischwald geht es sacht abwärts, bis am Trinkwasser-Schutzgebiet **Afholderbacher Weiher** wieder die Welt erreicht ist: Stacheldraht und Asphalt, und mächtigen Buchengreisinnen sind dreieckige Schildchen mit der Aufschrift »Naturdenkmal« in den Leib genagelt.
Am Weiher weitet sich das Tal. Trotz Asphalt ist es eine Idylle. Links ziehen sich Kuhweiden zum Waldsaum hinauf, dann öffnet sich der Blick auch rechts, das Bächlein mäandriert durch die Wiesen. Am Wanderparkplatz zeigt sich beim Blick zurück noch einmal der Giller, ehe *x* als Grasweg in das Dorf **Sohlbach** führt und dort auf der *Weiherstraße* zum **Sohlbacher Weiher** leitet, »Betriebsgelände des Wasserverbandes Siegerland«. Hinter dem Weiher, an dem eine nicht zur Rast animierende Bank steht, ist im Talschlußbereich die einzige nennenswerte Steigung dieser Wanderung zu bewältigen, dann ist wieder der bekannte Kammweg erreicht.

23 Lahnquelle – Ilsequelle

Quellwanderung im Siegerland

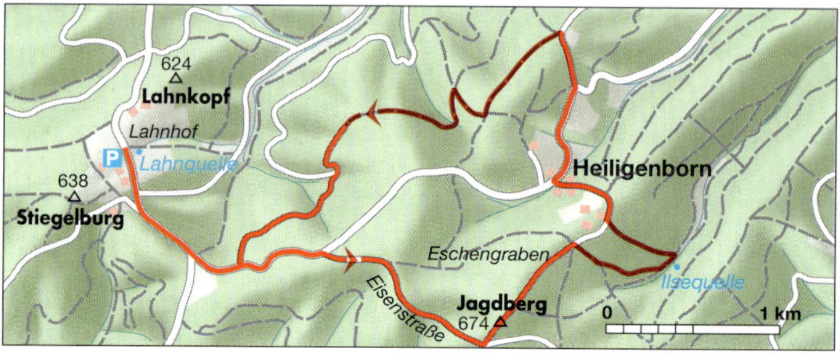

Ausgangspunkt: Parkplatz am Lahnhof (600 m) beim Quellteich der Lahn auf dem Rothaarkamm östlich von Netphen (Talort von Wanderung 22).

Gehzeit: 3 Std. (11 km) Rundwanderung.
Anstiege: 200 Höhenmeter.
Einkehr: Lahnhof (0 km), Ilsequelle (3 km), Heiligenborn (5,5 km).

Diese Wanderung folgt anfangs und zuletzt der kleinen »Lahn-Ferien-Straße«, ansonsten herrscht überwiegend Waldstille. Wegen der Kammstraße verzichtet der Wandervorschlag darauf, von der Lahn- weiter zu Ilm- und Siegquelle zu führen; den Wanderweg neben der Straße gibt es allerdings: Lahnquelle-Ilmquelle-Auerhahnurwald-Siegquelle 4 km.
Der **Lahnhof**, 1333 erstmals erwähnt, ging aus einer Feste zur Sicherung der historischen Eisenstraße hervor; neben dem Hof tümpelt unter mächtigen Eschen der **Lahnquellteich** (610 m), angelegt um 1750. Nach 218 km mündet die Lahn bei Lahnstein oberhalb von Koblenz in den Rhein; Quelle und Mündung liegen nur 80 km auseinander.
Wir folgen der Eisenstraße bzw. dem Waldpfad neben ihr, bis die *weiße Raute* am Parkplatz Schulenberg den Asphalt verläßt und der Eisenstraße in den Wald folgt, bald mit beeindruckender Sicht nach Westen in einem wundervollen Buchenwald. Der **Jagdberg** ist der südlichste Gipfel des Rothaargebirges; am Jagdberg-Wegekreuz hält die Route ohne Markierung auf dem Forstweg links, bis an der **Gaststätte** ein Schild rechts hinab zur in Stein gefaßten **Ilsequelle** weist, die nach kurzem, schönem Waldspaziergang in einem abgeschiedenen Wiesentälchen erreicht wird. Weiter talabwärts leitet *x* auf einem Kiesweg links hinauf, zieht auf dem Gaststättenzufahrtsweg hinab in die Siedlung **Heiligenborn**, wendet sich an der Straße rechts, passiert erneut eine **Gaststätte** und wechselt am Wanderparkplatz »Heiligenborn« auf einen breiten Forstweg, der bald in einen schönen

Moose begleiten das Bächlein, in das weiter unten die Ilsequelle schüttet. Bei Feudingen im Wittgensteiner Land mündet die Ilse in die Lahn.

Buchenwaldweg übergeht. Wenn *x* im Wald etwas unvermittelt rechts hinab knickt, bietet sich schöner Blick über das Lahntal hinweg auf den Rothaarkamm. *x* steigt nicht ins Tal ab, sondern bleibt oben im Hang und leitet zuletzt wieder zur Straße, neben der es auf dem bekannten Waldpfad zurück zum Lahnhof geht.

24 Vorspanneiche – Altenberg – Kindelsberg

Der »Kinderberg« – Wahrzeichen des Siegerlands

Talort Hilchenbach: Im oberen Ferndorftal liegt im Kreis Siegen die Stadt Hilchenbach (346 m, 16 000 Ew.), Luftkurort, Sitz eines Bergwerksmuseums und eines Schaubergwerks.
Ausgangspunkt: Wanderparkplatz Vorspanneiche (540 m) nordnordwestlich von Hilchenbach; in Hilchenbach Richtung Kirchhundem.
Gehzeit: 4 Std. (16 km) Auf- und Abstieg.
Anstiege: 400 Höhenmeter.
Einkehr: Kindelsberg (8 km).

Diese Wald- und Wiesenwanderung leitet durch das Dohlenbruch zur Stadtwüstung Altenberg und zum Aussichtsturm auf dem Kindelsberg.
Von der **Vorspanneiche**, einer Stieleiche mit einem Umfang von 328 cm, folgen wir der Markierung *weiße Raute* durch das hier in Weideland umgewandelte Dohlenbruch mit Blick zum Kindelsberg. Wenn sich kurz nach Überschreiten des **Elbersiepen** eine Wiese mit Schutzhütte öffnet, befinden wir uns zwischen den Naturschutzgebieten **Teufelsbruch** und **Danzeplatz** und damit im Herzen des **Dohlenbruch**, eines einstigen Sumpf-

Schachtelhalmwäldchen am Rand des Teufelsbruchs.

gebiets. Im Teufelsbruch sollen die Leichen der Hingerichteten versenkt worden sein, während auf dem Danzeplatz die Hexen tanzten.

Vom Rastplatz folgen wir der *Raute*-Markierung weiter zum Landwehr-Parkplatz am historischen **Grenzwall Nassau-Köln** und durch das Schutzgebiet **Müsener Dornbruch** und erreichen die Wegespinne **Auf dem Stoß**. Hier folgen wir der Markierung *Winkel* und gelangen zur Wüstung **Altenberg**; ein Rundweg führt durch die ausgegrabenen Reste einer Bergbaustadt des 13. Jh. Nun leitet *Winkel* teilweise sehr aussichtsreich auf den viel besuchten **Kindelsberg**, dessen Name mit einem vorzeitlichen Kindkult (kind = Sippe) in Verbindung gebracht wird. Im Mittelalter soll er die Kindelsburg getragen haben, und nachdem die Erde die Burg samt ihren Bewohnern verschlungen hatte, soll er ein Wallfahrtsziel gewesen sein. Der Ringwall, der die Gipfelkuppe umschließt, wurde vermutlich in der keltischen La-Tène-Zeit errichtet, Reste sind hinter der Gaststätte zu sehen.

Nach der Sage verliebte sich einst ein Fräulein von der Kindelsburg in den Grafen von der Mark, und beide gelobten sich ewige Treue. Als der Graf ins Heilige Land ziehen mußte, pflanzte er auf dem Kindelsberg eine Linde mit den Worten: »Gedenke mein in Liebe, solange die Linde grünt, verdorrt sie aber, so wisse, ich bin tot.« Nach drei Jahren hielt der Ritter von der Ginsburg um die Hand des Fräuleins an, doch sie verwies auf die grünende Linde. Da riß der Ritter die Linde heraus und pflanzte eine verdorrte. Als sie ihn dennoch abwies, erdolchte er sie. Der heimkehrende Graf begrub seine Geliebte und pflanzte auf ihrem Grab eine Linde. Heute wächst beim Fernsehturm eine kränkelnde Linde, die **Kaiserlinde** genannt wird.

25 Didoll – Sackpfeife, 674 m

Sagenumwobener Signalberg

Talort Bad Laasphe: Wo die Laasphe (»Lachsfluß«) ins waldreiche Lahntal mündet, liegt im Wittgensteiner Land an der Südostabdachung des Rothaargebirges im Kreis Siegen-Wittgenstein die Stadt Bad Laasphe (333 m, 14 700 Ew.), Kneipp-Heilbad und Fremdenverkehrsort. Auf dem Sporn zwischen Laasphe und Lahn stehen oberhalb des 780 erstmals erwähnten Orts Schloß Wittgenstein (Internat) und die Alte Burg, eine Ringwallanlage.

Ausgangspunkt: Wanderparkplatz Didoll (570 m) nordöstlich von Laasphe; von der B 62 hinter dem Talabwärts-Ortsausgangsschild Richtung Puderbach.

Gehzeit: 4 Std. (13 km) Auf- und Abstieg auf derselben Route.

Anstiege: 300 Höhenmeter.

Einkehr: Didoll (0 km), Sackpfeife (6 km).

Ski: Die Sackpfeife ist Wintersportzentrum.

Die Sackpfeife ist ein vielbesuchter Familienausflugsgipfel. Eine ruhige, bequeme Waldkammwanderung führt zu ihm.

x23 weist in sanftem Auf und Ab die Route. Der anfängliche Asphalt verschwindet, auf dem steil nach Norden ins Edertal und nach Süden ins Lahntal abfallenden, vom technischen Lärm unbelästigten Kamm zieht der Weg dahin. Wenn sich hinterm Buchholz (schöne Wiese) die Sackpfeifen-Türme zeigen, knickt *x* rechts auf einen Pfad, quert ein Sträßchen mit Schutzhüttenrondell und hält geradeaus auf breitem Weg. Wo bald darauf rechts bemerkenswerte Einzelfichten stocken, stehen vor einer verschlossenen (benutzten) Hütte Tisch und Bänke. Wenig später tritt *x* aus dem Wald, und der Blick fällt auf das Ziel. An der nächsten Wegespinne wechselt *x* auf

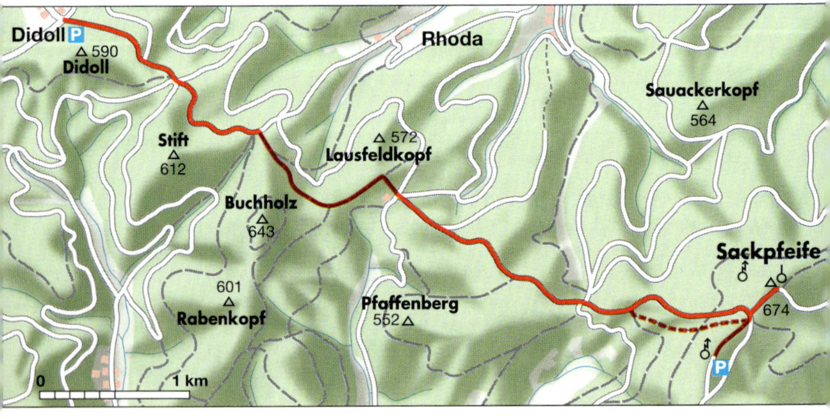

Der Aussichtsturm auf der Sackpfeife vor reifüberkrusteten Buchen. Die Bedeutung des Namens ist umstritten. Vielleicht diente der hohe Berg einst als Signalberg: Mit einem Blasebalg wurden akustische Zeichen übermittelt.

einen Holperweg und überschreitet eine von herrlichen Buchen bestandene Kuppe, ehe auf staubigem Fahrweg der Endspurt beginnt. Oben im Sattel weist das Schild *Aussichtsturm* zum Gipfel (674 m). Es ist schön hier, von den Sendeanlagen usw. ist nichts zu sehen. Vor der **Lahn-Eder-Hütte** des Oberhessischen Gebirgsvereins stehen solide Rastbänke und Tische, davor breitet sich eine große Gipfelwiese; Aussicht gibt es auf dem Turm.
Nach der Rast gehen wir zurück zum Sattel und vertrauen uns *V* an: Die Markierung führt abseits der Promenade zu Felsfreistellungen mit kleiner, starker Aussicht.

26 Hohe Bracht – Buscheid, 599 – Einsiedelei

Durchs Bilsteiner Bergland

Beim Aufstieg zur Hohen Bracht schweift der Blick nach Osten auf Altenhundem am Ausgang des oberen Lennetals, das hier nach Norden schwingt.

Talort Bilstein: Im Veischedetal unterhalb des mit prächtigen Fachwerkhäusern geschmückten Pfarrorts Kirchveischede liegt im südsauerländischen Kreis Olpe der Ferienort Bilstein (350 m), Ortsteil von Lennestadt.
Ausgangspunkt: Aussichtsturm (580 m) auf der Hohen Bracht südöstlich von Bilstein, zu erreichen auf der Stichstraße, die von der Paßstraße Bilstein-Altenhundem abzweigt.

Gehzeit: 4 Std. (12 km) Rundwanderung.
Anstiege: 300 Höhenmeter.
Variante: Zu Fuß und auf Ski ist es reizvoll, diese Wanderung mit Wanderung 27 zu kombinieren mit Fahlenscheid als Ausgangspunkt.
Ski: Die Hohe Bracht ist Ausgangspunkt der Hohe-Bracht-Loipe (10 km). Auf dem Hohe-Bracht-Nordhang findet sich ein kleiner Schlepplift.
Einkehr: Hohe Bracht (0 km).

Diese mit guten Aussichtsstellen aufwartende Waldwanderung erschließt die Höhen des im Naturpark Ebbegebirge gelegenen Bilsteiner Berglands, eines nach Westen ausreißenden Rothaargebirgsblocks.
Wir folgen kurz der Stichstraße talwärts, bis an der ersten Wegeverzweigung *A3* geradeaus in den Wald taucht. Wo *A3* gleich darauf abwärts will, folgt die Route dem unmarkierten Hauptweg rechts zum **Alberstein** (586 m) hinauf, von dem (Klippen) der Blick in das tief eingeschnittene Olpetal fällt. Der Weg senkt sich sacht in den Wegespinnen-Sattel zwischen Alberstein und Buscheid, aus dem ein Pfad auf die **Buscheid** (599 m) zieht, den derzeit bewaldeten höchsten Gipfel des Bilsteiner Berglands. Beim Abstieg schließen wir uns *L* an und erreichen das **Benolper Kreuz** mit Schutzhütte an der

Paßstraße Benolpe-Bilstein. *L* umrundet mit prächtiger Aussicht auf das hier breitere Olpetal und auf Benolpe den **Kreggenberg** südlich und trifft auf eine Wegespinne: Während *x* bequem zur Einsiedelei führt, hält *A1* sacht abwärts, schwingt im Schlußbereich eines Bachtals links in ein anderes Bachtal mit großen Ameisenhaufen, und nach Überschreiten des zweiten Bachs (bachabwärts Wiese) zweigt ein unmarkierter, schmaler Weg in Bachaufwärtsrichtung ab; steil, eng und kurz windet er sich durch eine Dickung den **Waare**-Nordhang hinauf. Oben (Abstecher abwärts zum Waldrand: gute Sicht) führt der breite *Kreis*-Weg rechts (Westen) zur Rodung beim **Forsthaus Einsiedelei** hinüber, wo im 18. Jahrhundert ein Karmeliter-Eremit gelebt haben soll. 400 m südöstlich an der kleinen Straße stockt in einem Naturschutzgebiet ein fast 100 Jahre alter Moorbirkenbruchwald.
Vom Forsthaus führt *x8* zum Benolper Kreuz zurück; wenig später zweigt *A2* links ab und quert den Buscheid-Nordhang, wo sich kahlschlagbedingt prächtige Aussicht auf Bilstein mit der Burg und auf die »1000 Berge« öffnet. Zuletzt erklimmt *A2* im Schlußspurt die Hohe Bracht.

27 Fahlenscheid – Einsiedelei – Rahrbach

Über den Fahlenscheid-Hochrücken

Talort Rahrbach: Siehe Wanderung 28.
Ausgangspunkt: Gaststätte Fahlenscheid (540 m) nordwestlich von Rahrbach.
Gehzeit: 3 Std. (12 km) Rundwanderung. Von der Einsiedelei führt Wanderung 26 weiter zur Hohen Bracht.
Anstiege: 300 Höhenmeter.
Einkehr: Fahlenscheid (0 km), Rahrbach (7 km).
Ski: In Fahlenscheid gehen mehrere Loipen und Skirundwanderwege aus; bei entsprechender Routenführung, z.B. via Tollenanschlag, besteht auch die Möglichkeit, sich mit dem Lift aus dem Tal hochschleppen zu lassen.

Diese bequeme Rundwanderung erschließt den stillen, überwiegend bewaldeten Fahlenscheid-Hochrücken, der sich zwischen dem Veischedetal im Norden und dem Rahrbachtal im Süden erhebt.
A1 führt von der Gaststätte in sachtem Anstieg auf den **Steinbrink**-Nordhang hinauf mit Aussicht über die Wiesen Richtung Veischedetal. Nach Unterqueren des Lifts steigt *A1* im Wald aufwärts, schwingt an einer Wegekreuzung mit Sitzbank links, überschreitet eine sanfte Kuppe und senkt sich zum ehemaligen **Rahrbruch** hinab, einer trotz Überlandstromleitung eindrucksvollen Wiesenweitung. Nach Unterqueren der Hochspannungsdrähte lädt an

Gräser am Wegrand.

einem Wegekreuz eine Schutzhütte mit Bänken und Tisch zur Rast, leider direkt unterm Stromleitungs-Gesurre. Nun leitet *x8* auf breitem Forstweg und nach einem Wanderparkplatz kurz auf dem Paßsträßchen Oberveischede-Rahrbachtal weiter zum Forsthaus **Einsiedelei** (517 m). Vom Forsthaus gehen wir auf dem Sträßchen 2 Min. abwärts, blicken von der Kurve aus in das Naturschutzgebiet »Einsiedelei« mit seinem 100 Jahre alten Moorbirken-, Fichten- und Schwarzerlenbruchwald und zweigen in der Kurve rechts hinauf auf den mit ‹ markierten Weg ab. Der *Winkel* ist zuweilen verblaßt bzw. samt den herrlichen Buchen, die früher auch weiter oben auf dem **Wolfhardt**-Nordhang stockten, verschwunden, doch im Weg gibt es keinen Irrtum: In stetigem Anstieg zieht er bergan, und oben im Kahlschlag läßt sich weite Aussicht genießen. Nach Überschreiten des Rückens taucht ‹ in Fichtenwald und strebt nach Rahrbach hinab. Wo der Weg ein **Kreuz** mit Grillstelle passiert, zweigen wir mit *A3* geradeaus rechts (halbrechts) ab; wo der Weg aus dem Wald tritt, steht eine Sitzbank mit wunderschöner Sicht auf Rahrbach und das weite Wiesental; die Waldberge jenseits des Tals bilden die Grenze zwischen Sauerland und Siegerland. Nun sind es noch wenige Schritte nach **Rahrbach**, an der gotischen Kirche vorbei, an der Hauptstraße rechts und gleich wieder rechts mit *A3*, bald zwischen Viehweiden und Pferdekoppeln, zuletzt im Wald. Ehe *A3* die Stromleitung unterquert, halten wir rechts, um uns die Wacholder des Naturschutzgebiets »Rahrbruch« anzusehen; nun unterqueren wir die Stromlinie, gehen am Waldrand rechts und stoßen auf den bekannten *A1*-Weg, der links zum Ausgangspunkt führt.

28 Engelsberg, 589 m – Rother Stein, 582 m – Fahlenscheid

Aussichtsreiche Wald-, Kamm- und Wiesenwanderung

Talort Rahrbach: Im ländlich geprägten Rahrbachtal am Südfuß des Fahlenscheid-Hochrückens liegt im südsauerländischen Kreis Olpe das Dorf Rahrbach (440 m), Teil der Gemeinde Kirchhundem, mit frühgotischer Bruchsteinkirche aus dem ausgehenden 13. Jh.
Ausgangspunkt: Parkplatz und Bushaltestelle Engelsberg (526 m) am Graevenstein westsüdwestlich von Rahrbach an der Straße nach Olpe.
Gehzeit: 3 Std. (13 km) Rundwanderung.
Anstiege: 250 Höhenmeter.
Einkehr: Fahlenscheid (9 km).

Abwechslungsreichtum und Aussichtsstellen prägen diese Waldwanderung.
Der *Kreis* – anfangs identisch mit *A2* – führt auf einem stellenweise verwilderten Weg (an der ersten Biegung von *A2* ab und geradeaus) auf den **Engelsberg** (589 m) hinauf, auf dem zwischen Jungfichten die immer noch beachtenswerten Stümpfe der auf den Karten eingezeichneten Baum-»Naturdenkmäler« stehen. Bis zu pfadartig schmal hält der grasige Weg mit einiger Aussicht hinab zur Wegespinne (552 m) in der Senke zwischen Engels- und Krähenberg. Auf einem breiten Forstweg leitet nun *x24* nach Norden, überschreitet die sanfte **Krähenberg**-Kuppe und senkt sich mit prächtiger Aussicht auf das Rahrbachtal hinab, bis *x* rechts auf einen Waldweg wechselt und das **Hubertuskreuz** mit Sitzbank am Rand des Wacholderschutzgebiets **Kihlenberg** erreicht. Ein Stück nördlich vom Hubertuskreuz knickt *x* in Straßensichtweite links; hier bleiben wir auf dem breiten Weg *A3*, der durch Wald in das sonnige **Kupfersiepen**-Tal hinableitet. An den ersten Häusern der Ortschaft **Rehringhausen** zweigt *A4* bergwärts ab und erklimmt zunächst im Wald, dann auf einem Sträßchen in offener Wiesenflur den Kamm; dort steht am Waldrand eine Sitzbank mit wunderbarer Sicht. Nun übernimmt *x8* die Routenführung und leitet auf dem Waldsaumweg rasch in den Wald.

Unterhalb des verfichteten Gipfels vom **Rothen Stein** (582 m) steht eine Sitzbank; in Gipfelnähe leben hier am Rand der Dickungen gewaltige Eichen. Mit stellenweise guter Aussicht (Kahlschläge) zieht der Weg im Wald weiter und erreicht in offener, recht aussichtsreicher Grünlandschaft die Gaststätte **Fahlenscheid** (540 m) mit Skiliften.
Vom Fahlenscheid senkt sich *x24* zurück zum Hubertuskreuz und zur Wegespinne zwischen Krähen- und Engelsberg. Wer nicht wieder über den Engelsberg gehen will, hat zwei Möglichkeiten: Der kürzere, schattigere Weg führt mit *A2* linksherum auf dem stellenweise prächtigen Fichtenhochwald tragenden Nordhang; der unwesentlich längere, sonnigere und aussichtsreichere Weg (zunächst abwärts, dann *A2*) führt rechtsherum über Ost- und Südhang.

Viehweiden in der kleinen Bachtalweitung oberhalb von Rehringhausen; auf dem Kamm (oben links) verläuft ebenfalls ein Wanderweg, aber er ist stark lärmbelästigt, während unsere Route diessseits des Kamms rechts hält – völlig still.

Ebbegebirge

Der 1964 im Südwest-Sauerland gegründete Naturpark Ebbegebirge ist aufgrund seiner raschen Erreichbarkeit über die Autobahn A 45 »Sauerlandlinie«, die die Westabdachung des Gebirges zerschneidet, eine der meistbesuchten Sauerland-Regionen. Kern und Namensgeber des Naturparks ist das **Ebbe**, ein nur von wenigen Rodungsinseln durchbrochener, von Hochmooren und prächtigem Waldkleid geschmückter Kamm, auf dem sich herrliche Wanderungen unternehmen lassen. Vom Rothenstein im Westen streicht er nach Ostnordosten, bildet in der Nordhelle (663 m) die höchste Landmarke des südwestlichen Sauerlands und dacht von der Rüenhardt ins Oesterbachtal ab.

Südlich des Ebbekamms durchfließt die Lister das wenig markante **Listerbergland** und mündet in den Biggesee, das neben dem Möhnesee bedeutendste und größte Wassersportzentrum des Sauerlandes; an den Südwest-

Wie das Tal des Ebbebachs am Nordfuß der Nordhelle (663 m) sind auch die meisten anderen Täler im Ebbegebirge nur gering besiedelt. Die Kämme, Berge, Waldrücken und Höhenschwellen des Ebbegebirges bilden ein hervorragendes Umfeld für Wanderungen in jeder Jahreszeit.

ausläufern des Biggesees liegt die Kreisstadt Olpe, im Biggetal unterhalb des Stausees die ehemalige Hansestadt Attendorn. Die **Attendorner Senken** trennen das Ebbegebirge vom Rothaargebirge, allerdings vereinnahmt der »Naturpark Ebbegebirge« auch das zum Rothaarblock gehörende, ins Südwestsauerland vorspringende Bilsteiner Bergland mit der Hohen Bracht und dem westlich vorgelagerten Fahlenscheid-Höhenrücken.

Nördlich des Ebbekamms weitet sich das **Herscheider Bergland**, eine abwechslungsreiche, von Wiesenfluren und Wald geprägte Hügellandschaft, die zu den aussichtsreichsten des Sauerlands gezählt werden kann. Das überwiegend bewaldete, durch die Täler von Else, Oese und Grüne wild zerschnittene **Plettenberger Bergland** mit dem städtischen Zentrum Plettenberg bildet die Nordostbastion des Ebbegebirges: Jenseits von Hoher Molmert (575 m) und Heiligenstuhl (584 m) stürzen die Hänge steil fast 400 Höhenmeter ins Lennetal hinab.

Den nordwestlichen Eckpfeiler des Ebbegebirges bildet die Lüdenscheider Homert unweit der Stadt Lüdenscheid. Von ihr dacht das Gebirge nach Norden in die Lüdenscheider Mulde und nach Westen ins Volmetal ab.

29 Nordhelle, 663 m

Lehrpfad rund um den höchsten Ebbegipfel

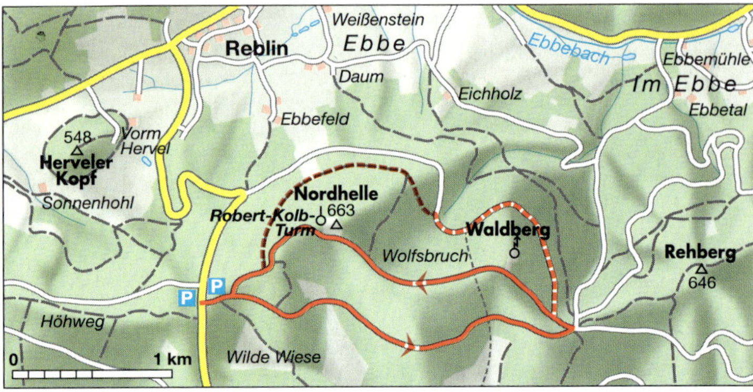

Talort Herscheid: Nördlich des Ebbe liegt umgeben von Wiesen und Waldbergen im Märkischen Kreis der Ort Herscheid (406 m), Zentrum der bäuerlich geprägten gleichnamigen Erholungsgemeinde (8000 Ew.). Herscheid, 904 als Heriisceithe (Hirschhöhe) erstmals erwähnt, ist eine der ältesten Siedlungen im Ebbe-Raum. Der Grubenlehrpfad am Silberg (= Silberberg) vermittelt einen Einblick in die Geschichte des Bergbaus. Herscheid-Hüinghausen ist Heimatbahnhof der historischen Sauerländer Kleinbahnen.

Ausgangspunkt: Wanderparkplatz Nordhelle (610 m) am Scheitelpunkt der Landstraße zwischen Herscheid-Reblin und Valbert.

Gehzeit: 2 Std. (6 km) Rundwanderung.

Anstiege: 100 Höhenmeter.

Einkehr: Herscheider Hütte (5 km).

Ski: Für Langlauf-Neulinge ist die Route wegen der kaum merklichen Anstiege hervorragend geeignet; lediglich die kurze Abfahrt vom Robert-Kolb-Turm (neben dem Weg) mag einige ins Schleudern bringen.

Der eindrucksvolle Große Lehrpfad rund um und über die Nordhelle, die höchste Erhebung des Ebbe, berührt Moore, über zwei Meter hohe Ameisennester, mehrhundertjährige Grenzbuchen, einen Meiler mit Köhlerhütte, Stechpalmen, Zwergbirken und vieles andere selten Gewordene.

In sachtem Anstieg folgt der Lehrpfad einem breiten Wirtschaftsweg ostwärts. An der 250 Jahre alten Rotbuche nach wenigen hundert Metern empfiehlt sich ein Abstecher auf *A2* hinab an den Rand der **Wilden Wiese**, einem wild aussehenden Hangmoor mit Pfeifengrasfluren, zerzaustem Bergbirkenbruch und verkrüppelten Erlen. In der Wilden Wiese quillt die Schmale Becke; unten, wo der holprige Weg über ein Brückchen führt, läuft sie heraus und eilt der in den Biggesee entwässernden Ihne zu.

Am Rand des Wolfsbruch-Zwischenmoors in der Senke am Osthang der Nordhelle. Im Wolfsbruch entspringt einer der Quellbäche der Oester, die am Fuß des Kammes zum See aufgestaut ist und dort zum Angeln und Rudern einlädt.

Zurück zum Lehrpfad: Er strebt weiter ostwärts, kommt an einer recht steilen Nordhelle-Abkürzung vorbei, an der Kinder gern Schlitten fahren, und erreicht nach 2,5 km die Wegespinne **Stahlschmidt** (602 m). Hier knickt der Lehrpfad im spitzen Winkel links (gleich darauf zweigt der auf der Karte als Variante eingezeichnete Weg rechts ab, er ist vielleicht schöner als der Lehrpfad, aber hat keine Lehrtafeln), zieht am sendeturmverunstalteten **Waldberg** vorbei, berührt den Meiler in der Nähe des Zwischenmoors **Wolfsbruch** und zieht im Wald zur **Nordhelle** (663 m) hinauf: Der **Robert-Kolb-Turm** soll einmal Rundschau über das gesamte Sauerland sowie im Norden bis Münster und im Westen bis zum Siebengebirge geboten haben; heute mag der 50-Pfennig-Blick durch fastblindes Plexiglas auf einen UKW-Sender rechts und Fichtenwipfel links als Zumutung empfunden werden. Die »Aussicht« vergessen wir in der **Herscheider Hütte** neben dem Turm bei Räucherforellen und Beerenwein.
Etwas steil führt der Gaststätten-Zufahrtsweg zum Ausgangspunkt zurück, weiterhin begleitet von Lehrtafeln.

30 Stoltenberg – Grundlose – Rothenstein, 600 m

Waldwanderung zum Quellmoor der Lister

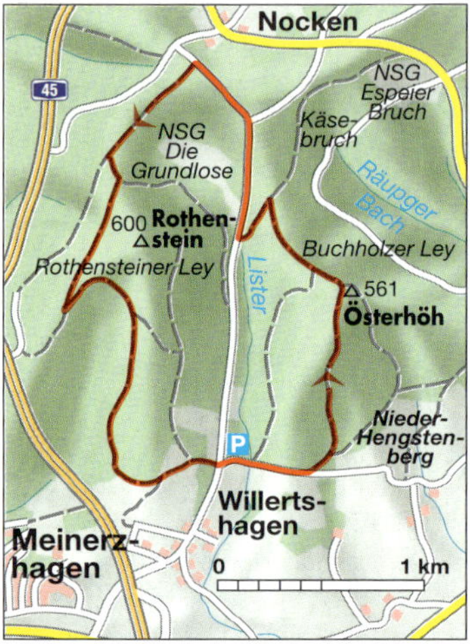

Talort Meinerzhagen: Am Westfuß des Ebbegebirges liegt im Märkischen Kreis die Industriestadt Meinerzhagen (450 m, 19 700 Ew.), als Fremdenverkehrsort bekannt durch das Wintersportgebiet mit der Mattenschanze und durch die vielen Talsperren in der waldreichen Umgebung. Die dreischiffige romanische Emporenbasilika aus dem frühen 13. Jh., in beherrschender Lage auf einer Anhöhe über der Stadt, war bis zur Reformation (um 1575) Wallfahrtsziel.

Ausgangspunkt: Wanderparkplatz Stoltenberg (489 m) östlich von Meinerzhagen. A 45 Sauerlandlinie Abfahrt Meinerzhagen auf B 54 Richtung Attendorn; nach 500 m links Richtung Willertshagen.

Gehzeit: 2 Std. (7 km) Rundwanderung.

Anstiege: 200 Höhenmeter.

Ski: Stoltenberg ist Ausgangspunkt der Ebbekammloipe (siehe Wanderung 31).

Diese Waldwanderung erschließt mit dem Rothenstein die Westbastion des Ebbekamms und mit der Grundlosen das Quellmoor der Lister und läßt zudem Raum für zahlreiche Abstecher.

Vom unteren Ende des Parkplatzes führt *A4* asphaltiert nach Osten zur Lister hinab, einem linken Nebenfluß der Bigge. Nach Überschreiten des Bachs (er ist vor der Mündung in den Biggesee zur Listertalsperre, einem Wassersportsee, aufgestaut) schwingt der Weg aussichtsreich auf den Südausläufer der Oesterhöh (Sitzbank), taucht links in den Wald, ersteigt die bewaldete **Oesterhöh** und senkt sich zur **Buchholzer Ley** hinab, Felsfreistellungen, wo alte Bänke stehen, die Aussicht aber durch Fichtenforst versperrt wird. Wenig später zweigt *A4* vom Hauptweg ab und führt links hinab zum Naturschutzgebiet **Grundlose**. Dieses Hangmoor, dem *A5* aufwärts folgt, füllt die breite Senke zwischen Rothenstein und Nocken. Aus einer Gesteinsverwerfung tritt Quellwasser zutage, das die Hänge herabrieselt und sich zu einem Bach vereinigt. Dieser Bach, dessen Rauschen schon oben im Wald vernehmbar ist, ist die Lister. Vom Wanderweg fällt der Blick auf die nassen Pfeifengraswiesen, in denen Karpaten- und Moorbirken stocken; zur Mittsommerzeit läßt das Wollgras seinen silberweißen Haarbusch auswachsen. – An der Wegespinne mit Schutzhütte, die der Weg oberhalb des Moors erreicht, hält *A5* asphaltiert nordwestwärts (links), überschreitet fast unmerklich den Nocken (581 m), knickt dann links (Südwesten) auf einen breiten Weg ohne Asphalt mit einigen forstwirtschaftlichen Lehrtafeln, ehe er wenig später vom breiten Weg links abzweigt und im Wald den Rothenstein-Westhang überschreitet; ein Abstecher zum fast idyllisch naturschönen Gelände auf dem **Rothenstein**-Gipfel ist solange empfehlenswert, wie der Fichtenacker noch nicht wesentlich höher geschossen ist. Weiter geht es mit *A5* durch stellenweise sehr schönen Laubwald abwärts, nur die letzten Minuten in unschöner Autobahnnähe.

Die Rothenstein-Gipfelverebnung ist im Zustand der Wiederaufforstung nach Kahlschlag, doch an den autobahnabseitigen Hängen (links) findet sich manches lauschige Plätzchen unter üppigen Laubbäumen.

31 Stoltenberg – Ebbekamm – Rüenhardt

Über den Ebbekamm

Talort Meinerzhagen: Siehe Wanderung 30.
Ausgangspunkt: Wanderparkplatz Stoltenberg (489 m); Anfahrt siehe Wanderung 30.
Gehzeit: 5 Std. (26 km) teilweise Rundwanderung.
Anstiege: Gut 400 Höhenmeter.
Ski: Am Ausgangspunkt beginnt die Ebbekammloipe, 17 km bis Roscheid via Grundlose, Nocken, Ebbekamm, Nordhelle und Stahlschmidt.

Diese abwechslungsreiche Wanderung erschließt überwiegend auf bequemen Wegen den gesamten Ebbekamm; Radwanderer benutzen nicht die Wurzelwege, sondern die auf der Karte gestrichelt eingezeichnete Variante.
Anfangs zwischen Wiesen führt der breite Weg im Tal der Lister aufwärts und trifft oberhalb des **Grundlose**-Moors (Wanderung 30), in dem die Lister entspringt, auf eine Schutzhütte. Hier zweigt die Route halbrechts ab, stößt auf ein Sträßchen und folgt ihm kurz rechts hinauf, bis der asphaltierte *Höhweg x11* links in den Wald abzweigt. Sacht schwingt sich der Kammweg nach Nordosten und erreicht nach 3 km eine Schutzhütte mit Sonnenwiese, Tischen und Bänken. Hier wechselt *x* auf einen schönen Wurzelweg in stellenweise Buchenwald, knickt an der Straße links, quert sie und erreicht den Wanderparkplatz Nordhelle. Wie Wanderung 29 leitet nun der **Große Lehrpfad** ostwärts zur Wegespinne **Stahlschmidt** (602 m) mit Tischen, Bänken und Unterstand. Nun führt das *umgekehrte T* sacht abwärts, zweigt an aussichtsreichen Bänken nach gut 500 m links hinauf ab (während die Ebbekammloipe talwärts hält) und erreicht nach kurzer Steigung am Rehberg-Südosthang Rasttisch und Bänke mit Sicht bis zum 80 km entfernten

Der Ebbekamm-Höhweg ist auf dem Rad ebenso beliebt wie auf Ski.

Westerwald. Das *umgekehrte T* leitet weiter ostwärts, an Aussichtsstellen vorbei, deren Qualität durch aufschießende Fichtenmonokulturen beeinträchtigt wird, bis eine Schutzhütte mit Tischen und Bänken am Rüenhardt-Nordhang den Endpunkt des Ebbekamms markiert. Von der Schutzhütte leitet das *umgekehrte T* auf schönem Wurzelweg über **Rüenhardt** und **Rehberg** (646 m) zur Wegespinne **Stahlschmidt** zurück (dieses letzte, sehr schöne Stück ist nichts für Fahrräder). Hier folgen wir kurz dem Großen Lehrpfad Richtung Nordhelle, zweigen nach wenigen Metern rechts auf den nichtasphaltierten Hangweg ab und lassen uns meist im Hochwald zum **Wolfsbruch**-Moor leiten. Nach Passieren des Naturschutzgebiets zweigt ein mäßig steiler Weg links hinauf ab; wo er auf einen breiten Weg mündet, gehen wir in sachtem Abstieg geradeaus, wobei bald ein Skilifthang Aussicht gewährt, ehe wir auf die asphaltierte Nordhelle-Gipfelzufahrt treffen (Wanderung 29). Von der **Nordhelle** (663 m) steigen wir auf der Zufahrt zur Straße ab und kehren auf derselben Route zum Ausgangspunkt zurück.

32 Fürwiggetalsperre – Nocken

Idyllische Kurzwanderung

Talort Meinerzhagen: Siehe Wanderung 30.
Ausgangspunkt: Parkplatz (440 m) an der Staumauer der Fürwiggetalsperre nordnordöstlich von Meinerzhagen; A 45 Sauerlandlinie Abfahrt Lüdenscheid-Süd Richtung Plettenberg/Herscheid, nach 500 m rechts Richtung Meinerzhagen, nächste Kreuzung rechts Richtung Fürwiggetalsperre.
Gehzeit: 2 Std. (8 km) Rundwanderung.
Anstiege: 150 Höhenmeter.
Einkehr: Fürwiggetalsperre (0 km).
Ski/Rad: Der Wanderparkplatz Lengelscheid (530 m), den die Wanderung am Nocken berührt, ist ein guter Ausgangspunkt für die Ebbekammwanderung (Wanderung 31) mit dem Rad oder auf Ski.

Diese Wanderung ergänzt die Promenade um die zwischen Waldberge eingebettete, vielbesuchte Fürwiggetalsperre um einen Ausflug durch die reizvollen Bachtälchen östlich und westlich des Jübergs; im Bereich Nocker Kreuz und Lengelscheid ist die Wanderung autobahnlärmbelästigt. Baden und Wassersport im See sind verboten, da die 25 m hohe und 170 m lange Talsperre 1,6 Mio m^3 Trinkwasser staut; 1902-04 errichtet, steht sie als technisches Kulturdenkmal unter Schutz. Nach Überschreiten der Staumauer leitet die asphaltierte Promenade am Ostufer entlang, bis an der zweiten ausgeprägten Bucht *A1* dem Bach kurz aufwärts folgt, rechts zum **Forsthaus Beckerhof** hinauf abzweigt und oben an den Viehweiden Blick zurück über den See gewährt. *A1* bleibt noch kurz auf dem Asphaltweg und stößt dann in das idyllische Wiesenbachtälchen östlich des Jübergs. Auf grasigem Weg zieht *A1* bachaufwärts, an sonnigen Rast- und Liegewiesen und einem Skilift vorbei, verläßt zuletzt das Tälchen und bietet prächtige Aussicht zurück.
An den Häusern von **Nocken** am gleichnamigen Ebbekammgipfel quert *A1* die Kreisstraße, zieht im Wald zur Wegespinne **Nocker Kreuz** (569 m) hinauf und führt in sachtem Abstieg rechts hinab durch recht abwechslungsreichen Wald, begleitet von einigen Waldlehrpfad-Tafeln, zum Wanderparkplatz **Lengelscheid** (530 m) mit Tischen, Bänken und Bushaltestelle; er liegt neben der Autobahn und ist sommers wie winters (Ski) rege besucht. Vom

Parkplatz geht es mit *A1* auf der Kreisstraße rechts, bis ein Asphaltweg links hinab Richtung *Schürfelde* abzweigt. Vor dem Ententeich vor dem ersten Haus knickt *A1* in spitzem Winkel links hinab und folgt auf schönem Holperweg dem Bächlein, das aus dem Weiher herausfließt, bald in Laubwald, dann an Rodungen vorbei und wieder im Wald. Rastbänke gibt es nicht, doch an den Gesteinsfreistellungen, die der Weg kurz vor Wiedererreichen der Talsperre passiert, läßt es sich gut rasten.
Wenn *A1* die Talsperre erreicht hat, hält die Route geradeaus und läßt sich von *x* auf der asphaltierten Westuferpromenade zum Ausgangspunkt zurückleiten. Dieses letzte Wegstück ist noch einmal sehr schön; auch einige Sitzbänke laden zum Verweilen mit Blick zwischen den Bäumen hindurch auf den kleinen See.

Wer zeitig aufbricht und nicht gerade das schönste Sonnenwetter wählt, kann die vielbesuchte Fürwiggetalsperre menschenleer erleben.

33 Fürwiggetalsperre – Quellental – Nordhelle, 663 m

Genußvoller Ebbe-Trekk

Talort Meinerzhagen: Siehe Tour 30.
Ausgangspunkt: Fürwiggetalsperre (440 m), Wanderung 32.
Gehzeit: 6-7 Std. (29 km) Rundwanderung.
Anstiege: 600 Höhenmeter.
Einkehr: Fürwiggetalsperre (0 km), Nordhelle (21 km).

Diese Wanderung erkundet das nur von wenigen Rodungsinseln durchbrochene, von Hochmooren und stellenweise prächtigem Waldkleid geschmückte Ebbe meist in völlig Abgeschiedenheit.

Auf der Uferpromenade umrundet *x* die kleine, zwischen Waldberge eingebettete **Fürwiggetalsperre** (439 m), einen Trinkwasserstausee, zweigt an der Südostbucht ab und erklimmt – überwiegend in Fichtenwald – den Ebbekamm (600 m). Auf dem Kammweg gehen wir wenige Schritte rechts (westwärts), bis der *Viereck*-Weg links abzweigt: Sacht senkt er sich durch die Bruch- und Buchenwälder des Ebbe-Südhangs, durchschreitet aussichtsreich die Wiesenfluren der Rodung Westebbe, zieht unter hohen Fichten das vom Wasserrauschen erfüllte **Quellental** hinab und überschreitet an einem Wanderparkplatz den Bach. Nun zweigt an der Rundwege-Übersichts Tafel *A2* nach Osten (nicht Norden) ab und überschreitet den **Koppenkopf** (564 m, Schutzhütte); wo *A2* hinter einem Gefallenendenkmal links will, gehen wir unmarkiert geradeaus zur Landstraße Valbert-Reblin. Nach Queren der Straße geht es einige Schritte talwärts, bis sich *x12* in den Wald hinaufschwingt. An der ersten Verzweigung verlassen wir *x* und folgen dem breiten Weg *A2* talwärts (rechts), allmählich begleitet vom Rauschen des Bachs tief unten im Tal. Ein Knüppelsteg überschreitet das aus dem Moor- und Bruchgebiet **Wilde Wiese** herausfließende Bächlein, dann hält *A2* am Rand des Naturschutzgebiets auf einem feinen Wurzelweg aufwärts; sehr

Blick vom Rehberg-Südhang über die Attendorner Senke hinweg.

alte Bäume stehen am Rand des Bruchs, unter ihnen läßt sich schön sitzen mit Blick auf das wild aussehende Hangmoor. Oben trifft *A2* an einer 250 Jahre alten Buche auf den **Großen Lehrpfad Nordhelle** (Wanderung 29), dem wir nach Osten zur Wegespinne **Stahlschmidt** (602 m) folgen. Vom Stahlschmidt zur Rüenhardt und zurück zum Stahlschmidt ist die Route identisch mit Wanderung 31 und führt weiter wie 29 zur **Nordhelle** (663 m). Etwas steil leitet von der Nordhelle der Gaststätten-Zufahrtsweg zur Landstraße hinab; nach Queren der Straße gehen wir einige Schritte links und zweigen mit dem *Ebbekammweg A3* rechts ab in eine eigentümliche Kammwaldlandschaft, teils Fichten, dann knorrige Buchen. Bald nachdem der Weg den höchsten Punkt überschritten hat (wer zur Schutzhütte gelangt, ist zu weit gegangen), zweigt = rechts ab und leitet pfadartig zum breiten **Märzenbecherweg**, folgt diesem einige Schritte links (abwärts) bis zu Sitzbänken unter Buchen oberhalb einer kleinen Felswand, zieht hier in spitzem Winkel ein Stück hangabwärts und quert dann in sachtem Abstieg am Ebbe-Nordhang. Wo = erneut in spitzem Winkel rechts hinab will, bietet sich März/April ein Abstecher zum **Herveler Bruch** an, das dann die Märzenbecher in ein Blütenmeer verwandeln (= noch ein Stück folgen); ansonsten verläßt die Route am Knick = und führt unmarkiert geradeaus am Hang weiter, teilweise mit prächtiger Aussicht, bis sie auf den Wanderweg *Dreieck* stößt und ihm zur Fürwiggetalsperre folgt.

34 Versetalsperre – Auf der Gasmert, 534 m

Wald-, Feld- und Bergheidenwanderung

Talort Herscheid: Siehe Wanderung 29.
Ausgangspunkt: Bushaltestelle »Steinbachverse« (395 m) an der steinernen Rundbogenbrücke über die Ostbucht der Versetalsperre.
Gehzeit: 3 Std. (8 km) Rundwanderung.
Anstiege: 150 Höhenmeter.

Trotz der Kahlschläge und des Stromleitungsgewirrs im Bereich der Gasmert läßt sich auf dieser kleinen Rundwanderung, die oft prächtige Aussicht bietet, viel entdecken – einschließlich reizvoller Umwege.

Nach Überschreiten der Rundbogenbrücke folgt *A1* dem wenig befahrenen截Uferssträßchen ostwärts mit Blick über den See. Seit 1952 wird die Verse, ein linker Nebenfluß der Lenne, rund 54 m aufgestaut; entstanden ist die vielbuchtige, von Wald umstandene **Versetalsperre**, die in harten Wintern eine 1,7 km^2 große, für diese Art des Wanderns jedoch verbotene Schlittschuhfläche bildet. Da die mehr als 30 Mio m^3 Wasser unter anderem der Trinkwasserversorgung dienen, sind auch Baden und Wassersport verboten.

Vor der Rechtskurve, mit der *A1* nach gut 500 m dem Ufer nach Süden folgt, zweigt ein gras- und krautüberwucherter Weg bergwärts ab, für den öffentlichen Verkehr durch eine Schranke gesperrt. Er steigt durch den Wald ein Bachtal aufwärts, überschreitet auf 420 m den Bach, vereinigt sich wenig später wieder mit *A1* und hält weiter bergwärts, bald in offener Wiesen- und Feldflur. Wo rechts ein Weg zur Gaststätte »Vedder« abzweigt, hält *A1* aussichtsreich links zum Wald auf der Gasmert hinauf; während *A1* oben in den Wald taucht, knickt die Route am Waldsaum rechts (Sitzbank mit guter Sicht) und folgt aussichtsreich dem Waldrandweg. Im Südosten zeigt sich die Nordhelle mit den drei Türmen auf dem Ebbekamm, wenig später ist das zweigeteilte Naturschutzgebiet **Auf der Gasmert** erreicht. Hinter den Wacholder-Bergheiden erhebt sich der von mächtigen Buchen und Eichen bedeckte Gipfel (534 m) der Gasmert; an der Sitzbank vor dem Naturschutzgebietsteil auf dem Ostabfall bietet sich prächtige Fernsicht nach Osten und Nordosten bis zum Lennegebirge, wenn auch beeinträchtigt durch die Überlandleitung, die der Weg bald unterquert. In der Nähe des Wanderparkplatzes »Gasmert« empfängt wieder *A1*, mit dem die Route nun bergwärts einen schmalen Fichtengürtel durchquert, ehe der Lange Berg mit seinen Heidefluren und erneut Stromleitungen in Sicht kommen. Auf Wegen folgt die Route grob dem Waldsaum (nach Verlassen des Fichtengürtels halbrechts, nächster Weg wieder rechts, dann vor dem Wald links) und zieht dann auf dem Kamm des Langen Bergs nach Südwesten. Die höchste Erhebung des **Langen Bergs** bietet herrliche Aussicht über den Nordteil der Versetalsperre – aber auch auf die Bundesautobahn –, ehe sich der Kammweg weiter hinabsenkt. Wer gehen nicht einfach die Blaubeerschneise geradeaus hinab, sondern biegen auf den ersten Querweg rechts ab. Er führt im Wald zur Talsperre hinab. Die vielbesuchte, asphaltierte, für den öffentlichen Verkehr gesperrte Uferpromenade leitet zurück.

Ginster- und Wacholderwildnis Auf der Gasmert.

35 Wellin – Hohe Molmert, 575 m

Aussichtsreiche Höhen- und Waldwanderung

Talort Herscheid: Siehe Wanderung 29.
Ausgangspunkt: Wanderparkplatz Wellin (500 m) nordnordöstlich von Herscheid; in Herscheid den Schildern Richtung Rärin/Wellin folgen.
Gehzeit: 5 Std. (17 km) Rundwanderung.
Anstiege: 400 Höhenmeter.
Einkehr: Wellin (0 km).

Diese Höhenwanderung besticht durch den Wechsel zwischen Wald und Grünlandrodungsinseln sowie durch ihren Aussichtsreichtum. Die Waldstille wird nur gelegentlich gestört vom Brummen der Flugzeuge, die in Hüinghausen zu Sauerland-Rundflügen aufbrechen.

H leitet kurz auf dem Sträßchen ostwärts und knickt links auf einen Feldweg zwischen Viehweiden, während sich im Süden der Ebbe-Kamm rundet. Wenige Schritte später schweift der Blick nach Norden (Werdohl), Westen (Lüdenscheid) und Nordosten (Lennegebirge) und gleich darauf nach Osten (Hochsauerland) – die Weitsicht ist wunderbar. Vor dem Eintritt in Wald zweigt *H* an einem Rastplatz rechts auf einen Holperweg ab, und wo *H* an der **Wiehart** rechts hinab will, hält *P* geradeaus: Anfangs kurvt *P* durch Forst, berührt dann eine Quelle, tritt in schönen Fichtenhochwald, vereinigt sich mit *x* und senkt sich zur aussichtsreichen **Grävinglöh**-Rodung hinab. Wo sich *P* dort an Bänken und Tisch talwärts verabschiedet, vertrauen wir uns *x* an. An der nächsten Rodung (Sitzbank) geht *x* die **Hohe Molmert** (575 m) an, weicht ihr jedoch rechts aus; wir gehen geradeaus und ersteigen die Kuppe, die im Nordwesten kahlschlagbedingt Aussicht gewährt. Der trigonometri-

Frühling in den Kuhwiesen bei Wellin; oben verläuft der aussichtsreiche Wanderweg.

sche Punkt bleibt links liegen, der Weg schwingt im Wald hinab und trifft auf einen *Elektromark-Kabel-Weg*; ihm folgt die Route rechts hinab, bis der Hangweg *weißes Dreieck* kreuzt. In weitem Bogen leitet *Dreieck* zur Wegespinne **Schäferplätzchen** (440 m), wo Sitzbänke und Tisch unter Fichten zur Rast laden, ehe der **Hexentanzplatz** (417 m) erreicht ist, ein unschöner Kreuzweg. Dort zweigen wir neben einer Sitzbank links in das schluchtartige **Bommecketal** ab, überschreiten den Bach und folgen ihm kurz abwärts, bis der Weg ein aus einem Nebentälchen herausfließendes Bächlein überschreitet und auf einen breiteren Weg mündet; auf diesem geht es aufwärts und oben rechts. In kaum merklichem Anstieg umrundet der Weg die bewaldete **Lechtenhardt** (488 m), auf deren Nordhang ein Kahlschlag prächtige Sicht auf Plettenberg-Eiringhausen und das Lennegebirge mit dem Schomberg öffnet. Der obere Hangweg senkt sich zu einer Quelle hinab, und wo er in der Senke zwischen Lechtenhardt und verfichtetem Jauberg auf einen Bach trifft, begegnet wieder der *Elektromark-Kabel-Weg*. In Serpentinen leiten die Pfähle in spürbarem Anstieg aufwärts, bis in einem Buchen-Eichen-Hain = rechts abzweigt, bald am Rand eines Skelettwäldchens, dann an Liegewiesen, zuletzt auf einem Forstweg am Molmert-Kahlschlag vorbei und zur Rodung bei Grävinglöh. Hier gehen wir am Rand der Rodung aussichtsreich geradeaus, bis *x* zurückleitet. Wenn wir den bekannten *H*-Weg sichten, zweigen wir von *x5/12* ab und gehen wie zu Beginn der Wanderung mit *H* zurück, aussichtsreich mit Sonnenuntergangsblick.

36 Biggesee

Größter Freizeitsee Westfalens

Von Ostern bis Oktober ermöglichen die Biggesee-Ausflugsdampfer an mehreren Stellen eine Abkürzung der Wanderung.

Talort Attendorn: Wo die uralte »Heidenstraße« Köln–Kassel die Bigge querte, liegt am Nordostfuß des Ebbe im Kreis Olpe die Stadt Attendorn (250 m, 22 200 Ew.). In der ehemaligen Hansestadt mit teilweise erhaltenen Befestigungen steht der »Sauerländer Dom« (Turm 12. Jh., Langhaus 14. Jh.). Vielbesucht ist das Tropfsteinlabyrinth der Attahöhle im Osten der Stadt.

Ausgangspunkt: Biggehauptdamm südwestlich von Attendorn.

Gehzeit: 6 Std. (28 km) Rundwanderung.

Anstiege: 500 Höhenmeter.

Der von Waldbergen umgebene, mit der Listertalsperre als Vorstaubecken verbundene Biggesee ist ein Wassersportparadies ersten Ranges.

Die Markierung *B* des »Biggeseerundwegs« weist die Route. Am Nordende des 52 m hohen und 640 m langen Damms, der 1965 fertiggestellt wurde und 172 Mio m^3 Wasser staut, schwingt der Weg in den Wald hinauf und erklimmt den **Dünnekenberg** (390 m), auf dem aussichtsreich eine SGV-Hütte thront. Die **Wallfahrtskapelle Waldenburg** am Fuß des gleichnamigen, ruinengeschmückten Bergsporns, ist eine Kopie; das Original steht unter Wasser. In der Seemitte zeigt sich als Insel der **Gilberg**, der selten gewordenen Vögeln als Refugium dient. Der Weg zieht über Waldrücken, landwirtschaftlich genutzte Senken, bietet an einigen Stellen herrliche Aussicht, ist aber vor allem im Westuferbereich auch straßenlärmbelästigt.

Auf der Bracke
430
Wesmecke
Attendorn
Eckenbach
Kloster
Ramacher
Weschede
Birkeshardt
425
Neu-
Listernohl
Bigge
Brandeiche
414
Petersburg
Justiz-
vollzugs-
anstalt
390
Dünnekenberg
Albring-
hausen
Merkling-
hausen
Papiermühle
Nierhof
Erlen
Langenohl
Listerscheid
Wamge
Waldenburg
Bausenberg
419
Gilberg
Buchhagen
459
Schnütgenhof
Weuste
Bigge-
see
402
Auf der Höh
422
Bürberg
Uelhof
Voßsiepen
Brusenberg
Bremge
Eben
Haardt
422
Erbscheid
Host
502
Ober-
Sondern
369
427
Roschottberg
Unter-
Mittel-
Neger
Howald
Neger
478
Eichenberg
Kessenhammer
Stade
Siedenstein
0
1 km

37 Jubachtalsperre – Lüdenscheider Homert, 538 m

Zum Aussichtsturm auf der Homert

Talort Kierspe: Auf der flachwelligen Hochfläche westlich des oberen Volmetals liegt oberhalb der Kerspe im Märkischen Kreis die Stadt Kierspe (350 m, 14 900 Ew.). Das teils bewaldete, teils landwirtschaftlich genutzte Gebiet westlich von Kierspe im Grenzbereich zum Bergischen Land ist von kleinen asphaltierten Wegen durchzogen und eignet sich gut für Fahrradwanderungen; höchste Erhebung ist der Wienhagen (479 m) mit einem Aussichtsturm.

Ausgangspunkt: Parmöglichkeit (330 m) in Vollme an der von der B 54 abzweigenden Auffahrt zur Jubachtalsperre.

Gehzeit: 3 Std. (10 km) Rundwanderung.

Anstiege: 250 Höhenmeter.

Einkehr: Hat die SGV-Hütte auf der Lüdenscheider Homert (5 km) geöffnet, sind Erfrischungen zu sehr zivilen Preisen erhältlich.

Diese idyllische Tal- und Höhenwanderung durch artenreiche Baumbestände in natürlicher Waldstille erschließt mit der Lüdenscheider Homert die Nordwestbastion des Ebbegebirges.

Das **Reidemeisterhaus Vollmann** (1813-15) beim Ausgangspunkt erinnert an den Beginn der Industrialisierung im nordwestlichen Sauerland; die »Reidemeister« waren Geld vorschießende, reisend Handel treibende Fabrikanten. Oberhalb des Reidemeisterhauses erreicht die Markierung *weißer Strich* die **Jubachtalsperre** (344 m) und überschreitet die 1904 errichtete, 1 Mio m^3 Trinkwasser stauende Mauer. Am Nordufer durchzieht der *weiße Strich* schönen Eichen-Buchenwald und folgt dann dem **Jubach** aufwärts in einem anmutigen, stillen Tälchen mit hohen Laub- und Nadelbäumen;

Im sonnigen Jubachtälchen begegnen üppige Bäume. Hier wie andernorts ist es gut, ein Bestimmungsbuch im Rucksack zu tragen. Auch wenn es bei einer Wanderung vielleicht nur einmal hervorgeholt wird: Jedesmal läßt sich ein Stück Natur mehr kennen und verstehen lernen.

oberhalb der **Willi-Lynker-Brücke** (Holzsteg) weitet sich ein Pappelwald. Wenig später verläßt der *Strich* das Bachtal, steigt unter hohen Buchen zum Sattel (480 m) zwischen Kälberberg und Homert hinauf und leitet zwischen Fichten zur **Lüdenscheider Homert**. Es ist schön hier oben; auf der kleinen Gipfelwiese stehen Bänke und Tische; vom schmalen Umgang des steinernen **Homert-Turms** schweift der Blick frei hinüber zum Ebbegebirge (Südosten), auf das hügelige Herscheider Bergland (Nordosten), auf die Stadt Lüdenscheid (Norden) und im Westen auf das Bergische Land mit seinen Kuppen, Wäldern und Grünlandinseln. Wer mit *A7* zwei Min. absteigt, steht oberhalb von Pferdekoppeln am Waldrand und blickt auf Versetalsperre, Gasmert und Nordhelle; an dieser eigentlich guten Stelle belästigt allerdings der Lärm der nahen Autobahn.
Vom Homert-Turm leitet der *Strich* zurück zum Sattel. Nun überschreitet *A2* den bewaldeten **Kälberberg**, zieht teilweise pfadartig in schöner Waldlandschaft zum **Werhahn** hinüber und steigt im Zickzack ab, wobei ein vermeintlicher Umweg zu einer Rastbank am Waldsaum mit herrlicher Aussicht nach Westen Richtung Bergisches Land führt. Nun wechselt *A2* kurz auf Asphalt, um dann in raschem Abstieg auf einem Waldpfad an einem Kinderheim vorbei zur Jubachtalsperre zurückzustolpern.

38 Glörtalsperre

Wasseridyll nicht nur an heißen Badetagen

Talort Schalksmühle: Im Tal der Volme liegt im Märkischen Kreis der Industrieort Schalksmühle (220 m), Zentrum der gleichnamigen Naherholungsgemeinde (12 500 Ew.).
Ausgangspunkt: Bushaltestelle und Großparkplatz (ca. 300 m) nordwestlich von Schalksmühle an der Landstraße von Dahlerbrück (an der B 54) Richtung Breckerfeld.
Gehzeit: 2 Std. (mindestens 6 km) Rundwanderung.
Anstiege: 100 Höhenmeter.
Einkehr: Haus Glörtal (1 km).

Die Glör zählt zu den kleinsten und an Wochenenden überfülltesten Talsperren des Sauerlands, dennoch läßt sich an ihren Ufern stets ein Rastplätzchen finden. Ob Baden, Kanu oder Würstchengrillen, ob Sonnenbad auf der aufblasbaren Plastikpalmeninsel, ob Zelt oder Lagerfeuer, ob textilfrei oder verhüllt, alles ist eigentlich verboten, doch an der von ausgedehnten Waldungen umgebenen Glör wird nur ein Verbot respektiert: Motoren haben hier nichts zu suchen, für Automobile ist auf dem Mautweg an der Staumauer Schluß. Die Wanderung erschöpft sich nicht in den angegebenen 6 km, denn erst an der Glör beginnt die eigentliche Wanderfreud', diesmal ohne Wege: Wer die Schlittschuh unterschnallt und auf Kufen übers Eis jagt, erreicht rasch 10-15 km; im Frühjahr schießen Paddelboote durch die Buchten, im Sommer sind Kopfsprünge von den Klippen an der Osthalbinsel keineswegs ohne, im Herbst lockt ein stiller Rundgang, teilweise unter majestätischen Buchen und Eichen. Wenn in trockenen Sommern der Wasserpegel sinkt, bietet die Glör ein scheußliches Bild; und wenn weiterhin rücksichtslos Müll an den Ufern hinterlassen wird, wird es bald vorbei sein mit dem Idyll.
Der ausgeschilderte *Wanderweg zur Glörtalsperre* beginnt etwa am oberen Ende des Großparkplatzes, quert die Straße, führt eine bei Nässe und Eis gefährliche Holztreppe hinauf, schwingt mit der Markierung *weißer Strich* rechts unter Fichten und mündet nach wenigen Metern auf einen breiten Waldweg, der hoch über dem Glörtal Richtung Talsperre führt, gesäumt von Himbeer- und Blaubeersträuchern. Wo an einer Kreuzung *x* über den Weg läuft, gehen wir mit *x* links hinab zum Mautweg-Großparkplatz und vor der Gaststätte rechts zum von hohen Buchen geschmückten Ufer; hier findet sich die einzige offizielle Badestelle.

Sommer-Sonntag an der Glör, vor Mittag.

Die weitere Route ist durch das vielbuchtige Ufer vorgegeben, wobei wir dem Ufer folgen oder uns auf dem breiten Weg weiter oben im Wald halten können, vorbei an der Jugendherberge. Die Umrundung der 2 Mio m^3 Wasserfläche endet an der **Glörtalsperre**, die als technisches Kulturdenkmal unter Schutz steht; errichtet wurde die 32 m hohe Staumauer 1903/04.

Lennegebirge / Homert

Der Wechsel von sanft gerundeten Kuppen und zerschluchteten Hängen, von Wald, Grün- und Ackerland, Kerbtälern und Hochflächen prägt die abwechslungsreiche Gestalt des Lennegebirges, das sich vielfach über 600 m erhebt und westlich von Eslohe in der Homert (656 m) gipfelt. Der größte Teil ist seit 1965 als »Naturpark Homert« Naherholungsgebiet.
Nach Norden zu dacht das Gebirge sanft zur Ruhr ab, die die Grenze zum Arnsberger Wald markiert. Dem wasserwirtschaftlich meistbeanspruchten Fluß der Erde streben alle Gewässer des Lennegebirges zu, im Ruhrtal am Fuß des Gebirges finden sich mit Meschede und Arnsberg auch die größten Städte. Zwei Stauseen, Sorpe- und Hennesee, dienen der Wasserversorgung an der unteren Ruhr und dem nichtmotorisierten Wassersport. Im Süden und Westen bricht das Lennegebirge mit Steilstufen von bis zu 300 m Höhe und Hangneigungen von bis zu 70° ins Lennetal ab. Im Osten hingegen flacht es in die fast waldlosen, bäuerlich geprägten Reister Senken aus.
Die stärkste Zertalung findet sich im Bereich des mittleren Lennetals. Dort entspringt am Kohlberg die Hönne, einer der schönsten Sauerlandflüsse. Nach anfänglich steilerem Gefälle durchfließt sie die landwirtschaftlich genutzte Neuenrader Mulde und tritt in das Iserlohn-Balver Massenkalkgebiet ein. Zwischen Frühlingshausen oberhalb der Stadt Balve und Klusenstein oberhalb der Stadt Menden finden sich hier rund 30 Höhlen, die die Hönne-Wasser vor rund 800 000 Jahren im Karst ausgewaschen haben,

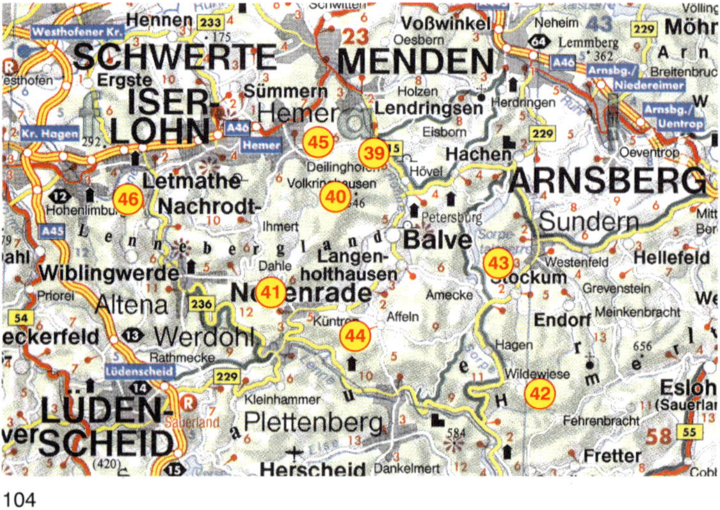

Vom Quittmannsturm auf dem Kohlberg schweift der Blick über die von der Hönne durchflossene, landwirtschaftlich geprägte Neuenrade Mulde auf die Homert; rechts ist der tiefe Einschnitt des Lennetals zu erkennen.

darunter die Balver Höhle, die größte in der letzten Eiszeit bewohnte Höhle Deutschlands; weit über die Grenzen des Sauerlandes hinaus bekannt sind auch das Felsenmeer bei Sundwig und die Dechenhöhle, eine über 700 m lange Tropfsteinhöhle in Iserlohn-Letmathe.
In der Zeit um 1000 n. Chr. war das Lennegebirge ein Teil des Herrschaftsgebiets der mächtigen Grafen von Werl, die um 1100 ihre Residenz nach Arnsberg ins Ruhrtal verlegten und sich Grafen von Arnsberg nannten. Als 1386 Graf Gottfried die Grafschaft dem Kölner Erzstuhl übertrug, um sie nicht in die Hände des feindlichen Grafen Engelbert von der Mark fallen zu lassen, wurde das Lennegebirge Teil des kurkölnischen Herzogtums Westfalen; 1803 fiel es an Hessen-Darmstadt und 1815 an Preußen. 1946 wurde es von der britischen Militärregierung dem neugeschaffenen Land Nordrhein-Westfalen eingegliedert.

39 Hönneschlucht – Burghöhle – Feldhofhöhle – Reckenhöhle

Durch das wildeste Schluchttal Westfalens

Talort Menden: Zwischen dem Durchbruchstal der Hönne und ihrer Mündung in die Ruhr liegt beiderseits des Flusses im Märkischen Kreis die Stadt Menden (139 m, 57 000 Ew.), das kulturelle und wirtschaftliche Zentrum des Hönnetals mit sehenswertem altem Stadtkern.
Ausgangspunkt: Bushaltestelle (180 m) an der B 515 südlich von Menden am Haltepunkt Klusenstein der Hönnetalbahn Unna-Menden-Neuenrade.
Gehzeit: 3-6 Std. (6 km) hin und zurück weitgehend selbe Route.
Anstiege: 100 Höhenmeter.
Einkehr: Reckenhöhle (3 km).

Der Hönnetal-Abschnitt zwischen Uhuwand und Reckenhöhle bildet das großartigste Schluchttal Westfalens. Die den Massenkalk durchbrechende Hönne versickert im Karst und tritt erst nach 2 km wieder ans Licht; wildromantischer Wald birgt mehr als 20 Höhlen; neben dem Grund ragen Kletterfelsen auf. Die Hänge stehen unter »Naturschutz«, doch neben dem Fluß windet sich die B 515 durchs Tal, und die Autos schleudern ihre Abgase in die »Naturschutz«-Wälder: Die Wanderung ist lärmbelästigt. Dennoch ist dieser Talabschnitt mit seinen zahlreichen Umwegmöglichkeiten (Pfade, Weglein, Sonnenlichtungen in üppigem Wald) so zauberhaft, daß er immer wieder in Bann schlägt. An den Felsen bleiben Spaziergänger stehen und schimpfen auf die Kletterer von wegen »Naturschutzgebiet«.
Am Eisenbahnhaltepunkt beginnt mit Blick auf die Uhuwand der Pfad, der sich neben der Hönne flußaufwärts schlängelt. Wenn jenseits des Flusses die Klusensteiner Mühle durch die Bäume schimmert, ragt jenseits des Bahngleises der schroffe **Klusenstein** auf. Er birgt die **Burghöhle**, die als vorgeschichtliche Wohnstätte gedeutet wird; sie steht in Verbindung mit **Burg Klusenstein** (Schule), die gut 50 Höhenmeter über der Talsohle auf dem Felsen thront.
Nun folgt der Uferpfad dem Fluß teilweise auf einem Bohlensteg aufwärts zum **Bachustritt** (Bach-Austritt): Bei Niedrigwasser ist das Bachbett oberhalb leer, die Hönne durchfließt dann die unterirdischen Karsthöhlensysteme. Die »Bachschwinde«, an der die Hönne 2 km oberhalb verschwindet, sehen

Die obere Partie der Felsgruppe Sieben Jungfrauen im Hönnetal.

wir auf der Rückwanderung. Wenig später zeigen sich rechts oben Felsen und der Nordeingang des Binolen-Eisenbahntunnels. Wo ein Geländer sichtbar wird, liegt das nächste Etappenziel, die **Feldhofhöhle**. Um sie zu erreichen, folgt die Route dem Pfad zunächst flußaufwärts und knickt oberhalb der Stelle, wo eine Steinbrücke den Fluß überschreitet und sich gegenüber die Felsgruppe der **Sieben Jungfrauen** zeigt, mit *A3* rechts hinauf. Die Feldhofhöhle diente noch um die Jahrhundertwende als Schafstall; ohne Ausrüstung ist nach etwa 20 m an einer glatten Felsstufe Schluß.
Nun führt *A3* an Felsfreistellungen vorbei aufwärts auf dem Hang eines Bachtals mit üppigem Pflanzenkleid. Wo der Weg kurz aus dem Wald taucht, knickt die Route links und führt eine Pappelallee hinab, schwingt vor einer kleinen Anhöhe rechts und mündet zuletzt auf einen in Fallrichtung talwärts führenden Weg, der am **Haus Recke** die Bundesstraße erreicht. Die Besichtigung der **Reckenhöhle**, der einzigen Tropfsteinhöhle im Hönnetal, erfolgt im Rahmen einer Führung. Benannt ist die Höhle nach dem Land- und Gastwirt Franz Recke, der die Höhle 1888 entdeckt hat. Der Rückweg folgt dem Uferweg, vorbei an der erwähnten **Bachschwinde**.

Ist der Haltepunkt Binolen Ausgangspunkt und liegt das Flußbett nicht trocken, so wird die Hönne bei der Eisenbahnbrücke durchwatet. Man kann auch auf den Gleisen gehen (Vorsicht Züge!) und vor dem Tunnel auf den Weg abkraxeln.

40 Volkringhausen – Balver Wald, 546 m

Felder, Wälder, Stille

Talort Balve: Wo die Hönne aus der Neuenrader Weitung in den Massenkalk bricht, liegt beiderseits des Flusses im Märkischen Kreis die Stadt Balve (230 m, 11 000 Ew.), Industriestadt mit Deutschlands ältester erhaltener Hochofenanlage (Luisenhütte von um 1740 im Ortsteil Wocklum). Unterhalb von Balve öffnet sich rechts über der Hönne das Portal der Balver Höhle. In der etwa 80 m langen, sich verzweigenden Karströhre wohnten die ältesten Sauerlandmenschen: Mammutjäger der letzten Früheiszeit. Ihnen folgten Renjäger des Hochglazials, Eisenhüttenleute und viele andere. Heute wird die Höhle als Fest-, Theater- und Konzerthalle genutzt.

Ausgangspunkt: Wanderparkplatz in Volkringhausen (220 m) nördlich von Balve. In Volkringhausen gegenüber vom Gartenrestaurant Zorbas von der B 515 auf den »Glashüttenweg« und zum Parkplatz hinter der Bahnunterführung bei der Festhalle.

Gehzeit: 3 Std. (10 km) Rundwanderung.

Anstiege: 350 m.

Was diese Wanderung auszeichnet, ist die Ruhe im Balver Wald: keine Superlative, keine Straßen, keine Gasthäuser – nur Felder, Bäume, Bächlein und Sonne. Wer sich wandernd inspirieren läßt, stößt auf viele stille Stellen, einsame Graslichtungen, Aussichtspunkte, Ruheorte.

A3 hält auf dem *Glashüttenweg*, anfangs noch B-515-lärmbelästigt, zwischen wenigen Häusern sacht aufwärts, durchzieht hinter einem »Mühlbach« Viehweiden, passiert eine mächtige Eiche und taucht in die Fichtenwaldungen des **Binoler Bergs**. Vom Nordhang tritt *A3* in die landwirtschaftlich

Die Weitung von Bäingsen; hinter dem Laubwaldzipfel in der Bildmitte steht eine uralte Eiche; auf den Kamm hinter Haus Bäingsen führt unser Weg.

genutzte Talweitung von **Bäingsen** mit mehreren uralten Eichen. Der Weg passiert Haus Bäingsen und versumpfende Fischteiche, ehe wir an der nächsten Wegekreuzung (hier steht ein Häuschen) links auf einen Forstweg abbiegen und zügig im bewaldeten Bachtal aufwärts halten. Auf 491 m mündet der Forstweg auf den Hauptwanderweg *x18*; anstatt nordwärts zum Ostenberg zu gehen, dessen Waldhaupt mit feinen Ruhelichtungen aufwartet, zieht die Route mit *x18* südwärts, schwingt aber an der nächsten Wegespinne links auf *x1* und begeht den **Balver Wald** (546 m), die höchste Waldkuppe des Iserlohn-Balver Massenkalkgebiets. Von dort zieht *x1* ins Hönnetal zurück, wobei wir auf die Volkringhausen-Abzweigung achten.

41 Hönnequelle – Kohlberg, 514 m – Ruckeljahn

Familienausflug mit Aussichtsturm und Bauernhof

Talort Neuenrade: In der Weitung des oberen Hönnetals liegt im Märkischen Kreis die von Fremdenverkehr und Industrie geprägte Stadt Neuenrade (320 m, 11 900 Ew.), gegründet 1353/55 als Grenzfeste der Grafen von der Mark gegen die Grafen von Arnsberg.
Ausgangspunkt: Parkmöglichkeit an der Wegekreuzung P 454 westlich von Neuenrade.
Gehzeit: 3-4 Std. (8 km) Rundwanderung.
Anstiege: 200 Höhenmeter.
Ski: Der Kohlberg ist mit Lift und Loipen vielbesuchtes Skigebiet.

Dies ist eine kurze, abwechslungs- und lehrreiche Rundwanderung. Die ausgeschilderte, in Stein gefaßte **Hönnequelle** (487 m) unter Buchen ist nach wenigen Minuten erreicht, dahinter öffnet sich schöner Blick auf das Tal, das die Hönne auf dem Südhang der Großen Attig oberhalb von Neuenrade ausgetieft hat. *Kreis* und *A2* schwingen auf etwa gleichbleibender Höhe links, und wo die Markierungen im Schlußbereich eines Tälchens rechts wollen, halten wir auf dem Tälchenweg nicht unsteil zur Straße Neuenrade-Dahle hinauf, an der Straße kurz rechts, dann links auf den Parkplatz und an seinem Ende rechts zum **Quittmannsturm** auf dem **Kohlberg** (514 m). Der Berg auf der Wasserscheide zwischen Lenne und Ruhr (Hönne) trägt seinen Namen nach Meilern, die die Schmelzwerke und Schmieden der Umgebung mit Holzkohle versorgten. Vom sitzbänkeumgebenen Turm bieten sich mehrere Wege an, alle sind wegen der Parkplatznähe rege begangen, aber es ist schön, und es gibt viel zu schauen. Schließlich landen wir grob nördlich des Aussichtsturms am **SGV-Ehrenmal**: Aussicht bis nach Lüdenscheid und zum Ebbegebirge; unten am Hang liegt das **Kohlberghaus** des SGV (Einkehrmöglichkeit).
Vom Ehrenmal kehren wir mit *x1* zum Parkplatz zurück, schwingen an der Straße rechts, queren sie und zweigen gleich in der ersten Kurve, auf dem Sattel zwischen Kohlberg und Großer Attig, mit *A1* links in den Wald ab. Rasch zieht der Weg abwärts, es wird still, stellenweise bietet sich feine Aussicht, am Wegrand steht auf Wiesen ein Osterfeuerhaufen, nach Durchschreiten der bäuerlichen **Villenberg**-Rodung und dem Schlußbereich eines Bachtälchens erklimmt der nicht immer bequeme Weg einen entblößten

Der stabile Quittmannsturm auf dem Kohlberg; Aussicht von oben S. 105.

Rücken: Hier geht es kurz asphaltiert links, dann rechts zur **Bauernhof**-Promenade in fast hautnahem Kontakt mit jähzornigen Truthähnen, im Dreck rüsselnden Schweinen, Schnattergänsen und Wild – ein Freiluft-Bauernhof ohne Massentierhaltung. Reger Familienausflugsverkehr herrscht, am Waldsaum stehen Sitzbänke, alles ist sonnig und gepflegt.
Die Promenade taucht am Ende in den Wald, der Weg zieht aufwärts und stößt auf einem Sattel vor einer Rodung auf einen breiteren Fahrweg; er leitet links zum Ausgangspunkt zurück.

42 Wildewiese – Schomberg, 648 m – Faulebutter

Schönster Sauerland-Rundschaugipfel

Talort Wildewiese: Wo am Schomberg-Westhang die Sorpe entspringt, liegt im Hochsauerlandkreis das Wintersportdorf Wildewiese (70 Ew., 570 m), Ortsteil der Stadt Sundern. Sein Ursprung verliert sich in sagenhaftem Dunkel: Eine Sugambrerin soll hier gerodet und auf ihrer »wilden Wiese« gelebt haben.
Ausgangspunkt: Bushaltestelle und Wanderparkplatz Wildewiese (580 m). Anfahrt von Süden aus dem Lennetal oder von Norden von Sundern.
Gehzeit: 3 Std. (13 km) Rundwanderung.
Anstiege: 400 Höhenmeter.
Ski: Mit Loipen, Schleppliften und Flutlichthang zählt Wildewiese zu den bedeutendsten Wintersportgebieten des Sauerlandes.
Einkehr: Wildewiese (0 km), Faulebutter (5 km).

Kein anderer turmloser Sauerland-Gipfel eröffnet eine so umfassende und prachtvolle Rundschau über das Land der »tausend« Berge wie der Schomberg. Auch ohne auf dem höchsten Punkt zu stehen, bietet sich phantastische Aussicht: Beim Anstieg auf dem Westhang über das obere Sorpetal hinweg, dann auf dem Wanderweg *x7*, der den Südhang quert, auf die Ebbe-Berge jenseits des tief eingeschnittenen Lennetals sowie nach Süden und Südosten auf das Hochsauerland mit dem Rothaarkamm. Aber wer weiß, daß die Aussicht oben noch besser ist, läßt sich in der Kuhweidezeit von Stacheldraht und Elektrozäunen nicht abhalten, denn oben öffnet sich der Blick zusätzlich nach Osten, wo sich im Langenberg-Hegekopf- und im Astenmassiv die höchsten Sauerlandgipfel erheben; im Nordwesten wiederum durchbricht die Hönne in ihrem Schluchttal das Gebirge und tritt in das Tiefland um Menden aus, das ebenfalls in Sicht ist.

Nach Queren des Hangs taucht *x7* unter Fichten, zweigt bald auf einen feinen Grasweg ab, ehe neben einer Alm hinter riesigen Buchen *Z* die Routenführung übernimmt und abwechslungsreich durch Wald mit mehreren Aussichtsstellen ins Dorf **Faulebutter** hinableitet, zuletzt vielstimmig begleitet von Gänsen, Kühen und Schafen und wiederum mit weiter Sicht. Vor dem ersten Gasthaus in Faulebutter zweigt *x18* rechts ab und führt durch das schluchtartig eingeschnittene **Glingebachtach** am Südfuß des Schombergs und vorbei an den Schotterfluren des Naturschutzgebiets **Hohkuhl**. Die **Glingebachtalsperre** (306 m, »Vorsicht Lebensgefahr«), an der ein Elektromark-Pumpspeicherwerk brummt, zwingt *x18* zu einem Schlenker im Wald, dann quert *x* den Hang oberhalb der Talsperre und kurvt rechts in wundervollen Eichen-Buchen-Birkenwald hinauf. Der nun folgende Aufstieg im Laubwald zählt zu den stimmungsvollsten Partien der Wanderung; weiter oben fällt unter Eichen der Blick in ein neues Tal, und wenn *x* wenig später an einer Wegekreuzung links hinab will, gehen wir geradeaus und treffen gleich darauf erneut auf *x* (*x 24*). *x* leitet zwischen Fichten- und Laubwald, stellenweise wurzelig und grasig, nach Wildewiese hinauf, wo sich abends der Sonnenuntergang beobachten läßt, während hinter uns der Mond aufgeht.

Aus dem Kuhdorf Wildewiese am Schomberg, dem Quellberg der Sorpe, ist ein Wintersportzentrum mit Pistenwiesen geworden.

43 Sorpedamm – Auf'm Stück, 420 m – Amecker Damm

Sonnenküste des Sauerlands

Talort Langscheid: Auf einer Anhöhe im Nordbuchtbereich des Sorpestausees liegt im Hochsauerlandkreis der Luftkurort Langscheid (370 m, 2600 Ew.), Ortsteil von Sundern.
Ausgangspunkt: Parkplatz Sorpedamm (270 m) unterhalb von Langscheid.
Gehzeit: 5 Std. (17 km) Rundwanderung. Von Ostern bis Oktober verkehrt zwischen Sorpedamm und Amecker Damm der Ausflugsdampfer »Möwe«.
Anstiege: Gut 300 Höhenmeter.
Einkehr: Ausgangspunkt (0 km), beim Amecker Damm (8,5 km).
Rad: Die Ostuferpromenade ist Teil des Radwanderwegs R 41.

Die Höhenwanderung auf dem Waldkamm zwischen Sorpe- und Röhrtal läßt sich gut mit der Bade- und Ferienatmosphäre des Sorpesees verbinden.

Nach Überschreiten des 60 m hohen, 1935 fertiggstellten, aussichtsreichen **Sorpedamms**, der 71 Mio m^3 Trinkwasser staut, beginnt die asphaltierte, autofreie, vielbesuchte, sitzbankgesäumte Ostuferpromenade. Schon bald zweigt – auf einen Holperweg unter Fichten ab und erklimmt den Kamm, wo *x* die Routenführung übernimmt. Das Waldstück trägt zu Unrecht den verlockenden Namen **Buchholz**, doch an zwei Stellen erfreuen prächtige Buchenwaldreste, ehe hinter einer Schutzhütte am Wegekreuz **Auf'm Stück** (420 m) zwei Eichengreise aufschauen lassen. Hier wechselt *x* auf einen grasigen Waldweg, den

Die Wanderung führt rechts durch die Wälder und am autofreien Ufer des Sorpesees oder oben am Hang zurück; hinten die Häuser von Langscheid.

Höhweg, anfangs begleitet von Buchen und Eichen, ehe an zwei Sitzbänken (ganz hübsch zum Rasten) ein Forstweg beginnt, bis *x* an der **Krause-Eiche** aus dem Wald tritt, einer gewaltigen Stieleiche, unter der Sitzbänke mit Blick fast bis zum Schomberg stehen. Von der Eiche führt *A9* auf dem Asphaltweg rechts hinab, anfangs mit Blick bis zum Kohlberg bei Neuenrade, dann an einem Freibad vorbei; wir laufen hinab zum Ufer des Sees und kurz auf dem Gehweg neben der Landstraße rechts, am Café vorbei, bis in der Kurve an der **Schiffsanlegestelle Amecker Damm** die Ostuferpromenade abzweigt. Anfangs ist das Ufer eingezäunt, doch bald locken wilde Badefreuden. Da Motoren-Sport verboten ist und Automobile verbannt sind, finden sich selbst an Wochenenden immer noch Plätzchen zum Sonnenbaden und Planschen. Wer der vielbesuchten Promenade entfliehen will, wechselt an der ersten Bucht auf den breiten *Hangweg S*, leider meist in Begleitung von Fichten; mehrfach besteht jedoch die Möglichkeit, wieder zum See hinabzugehen.

44 Küntrop – Am Schlehen – Steinklapper

Prächtige Verirr-Tour

Talort Küntrop: Am Südhang der von der Hönne durchflossenen Neuenrader Mulde liegt im Märkischen Kreis das Dorf Küntrop (320 m), Ortsteil von Neuenrade. Das Brummen der Flugzeuge, die am Sportflugplatz zu Sauerland-Rundflügen usw. starten, stört nur ein wenig zu Beginn der Wanderung.

Ausgangspunkt: Wanderparkplatz Schlader Weg (350 m) am Südrand von Küntrop; ausgeschildert in Küntrop an der B 229.

Gehzeit: 6 Std. (23 km) Rundwanderung.

Anstiege: 600 Höhenmeter.

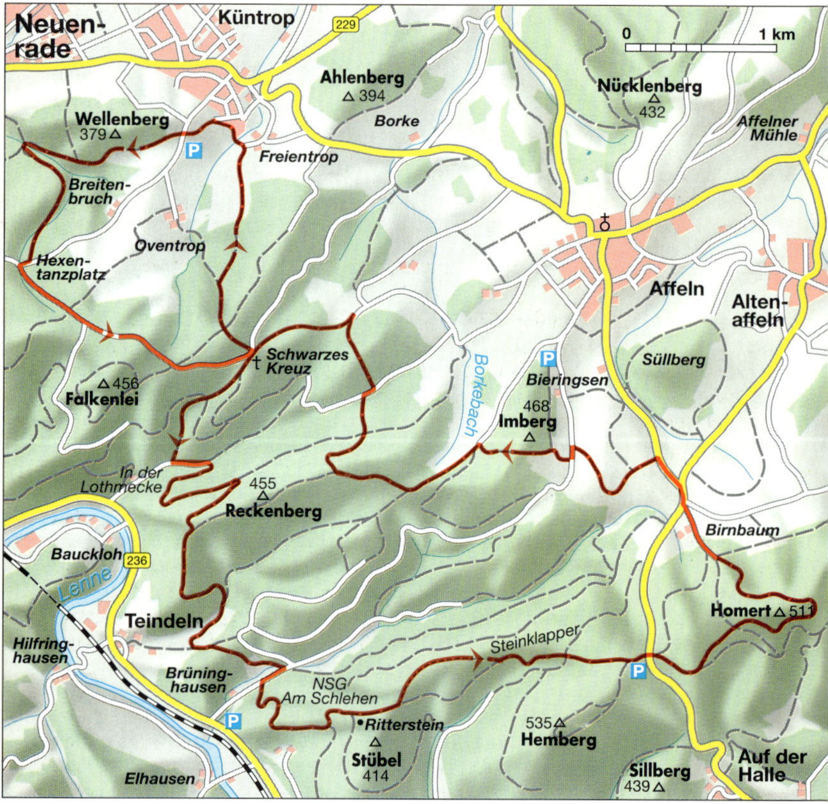

Blick vom Hangweg am Imberg über die Kuhweiden Am Birnbaum auf die Homert.

Diese abwechslungsreiche Berg-, Tal- und Waldwanderung führt auf breiten und schmalen Wegen durch das Lennegebirge. Da nicht alle Passagen dieser wunderschönen Ganztagswanderung markiert sind, sind Orientierungssinn und die Mitnahme der Wanderkarte von Vorteil – ansonsten ist Verirren garantiert.

Vom Wanderparkplatz »Schlader Weg« folgen wir der Markierung *A5* aussichtsreich am Waldsaum durch den Hang des Wellenbergs und in das Tal zwischen Wellen- und Gersberg. Dort entdecken wir nach Überschreiten des Bachs die Markierung *Kreis* und lassen uns von ihr links hinauf durch das **Breitenbruch** zum **Hexentanzplatz**, einem Kreuzweg, leiten. Hier treffen wir auf den von Neuenrade kommenden Weitwanderweg *x7* und folgen ihm auf einem **Waldlehrpfad** weiter aufwärts, an einigen Stellen mit Blick auf die Neuenrader Mulde. Bald nach Passieren einer Schutzhütte erreichen wir das **Schwarze Kreuz**; hier soll sich ein unglücklicher Schusterjunge erhängt haben, nach anderer Darstellung erschoß hier ein Wilderer einen Jagdschutzbeauftragten.

Vom Schwarzen Kreuz folgen wir dem Zeichen *Dreieck* rechts hinab durch ein Bachtal und stoßen auf ca. 250 m auf einen Forstweg. Auf diesem gehen wir kurz aufwärts (links), biegen auf den ersten Forstweg rechts ab und steigen in Serpentinen durch den **Reckenberg**-Hang; oben am Westrand

Von den kleinen Felsfreistellungen auf dem höchsten Punkt des naturschönen Schlehen fällt der Blick in die Buchenwälder auf dem ins Lennetal abfallenden Hang.

des Kamms befindet sich die etwas versteckte Aussichtsstelle **Lenneblick** – ein schöner Rastplatz mit Blick in das Lennetal.

Vom Lenneblick-Rastplatz an den Weg zurücktretend, wandern wir rechts (südwärts) hinab in ein Bachtal, gehen dort kurz bachabwärts, überqueren den Bach am Waldsaum, folgen einem Grasweg zwischen Wiese und Forst sacht aufwärts und treffen im nächsten Wald auf die Markierung *P*. Ihr folgen wir links an Felsen vorbei und hinab in das Tal des **Brüninghauser Bachs** und gehen dort kurz abwärts, bis die Markierung *A1* links zum Märzenbecher-Naturschutzgebiet **Am Schlehen** abzweigt. Oberhalb des Schutzgebiets wechseln wir (Abkürzung) von der mit dem Zeichen *A1* markierten Route auf einen aufwärts führenden Kammweg und gelangen auf den Wanderweg *A3,4*. Ihm folgen wir am **Ritterstein**-Denkmal vorbei, bis nach einer Schranke ein Weg links hinauf in den Nordhang der **Steinklapper** leitet, wo wir uns grob ostwärts halten, dann rechts in ein Tal absteigen, in ihm aufwärts gehen, im Talschlußbereich mit dem Weg rechts kurven und uns aber sogleich wieder links wenden, bis das markierte Wegenetz des Wanderparkplatzes **Ausspann** erreicht ist. Nach Queren der Straße folgen wir der Markierung *A2* entgegen der Sonnenlaufrichtung um die fichtenbestockte

Homert (511 m), bis der zwischenzeitlich eingemündete Wanderweg *P* abzweigt. Mit dem Zeichen *P* verlassen wir den Wald, gehen aussichtsreich geradeaus zu den Häusern der Siedlung **Am Birnbaum**, wenden uns an der Verzweigung links und folgen der Straße bis zum ersten links abzweigenden Feldweg. Er führt an einer Scheune vorbei und mündet auf den mit dem Zeichen *A2* markierten Wanderweg: Hier links, dann rechts hinauf zum Waldrand und mit *A1* über einen Sattel hinweg ins nächste Tal. Dort links mit *A3* bis zur Wegverzweigung vor P 443. Hier wandern wir unmarkiert hinab ins nächste Tal, gehen unten auf dem Forstweg kurz rechts und gleich links hinauf, bis am Waldsaum ein breiter Weg erreicht wird und links zurück zum **Schwarzen Kreuz** leitet. Hier gehen wir halb rechts hinauf, überschreiten eine fichtenbestockte Anhöhe, wenden uns auf dem ersten Hangweg rechts abwärts und treffen auf die Markierung *A3*. Wir folgen ihr durch ein Gehöft hindurch und links hangaufwärts zum Ausgangspunkt zurück.

Objekt von Schrebergärtnerbegierden und im Sauerland zuweilen mit Waffengewalt geschützt: die Frühlingsknotenblume, der »Märzenbecher«. Das Narzissengewächs mit den glockigen, grünlich bespitzten, nickenden Blüten verwandelt den Schlehen, aber auch Herveler Bruch, Birkenborn (Siegerland) und andere Gebiete vor Frühjahrsbeginn in ein weißes Blütenmeer.

45 Felsenmeer – Heinrichshöhle

Karstlabyrinthe, Felstürme, Schluchtwald

Talort Hemer: Im Tal der Öse liegt am Nordwestrand des Sauerlands im Märkischen Kreis die Industriestadt Hemer (245 m, 31 600 Ew.), 1072 erstmals als »Hademare« erwähnt.
Ausgangspunkt: Parkplatz am ausgeschilderten Felsenmeer (270 m).
Gehzeit: 2-3 Std. (3 km) Rundgang.
Anstiege: Unter 100 Höhenmeter.

Das Felsenmeer bei Hemer ist keine Verwitterungsblockhalde, sondern ein wild zerklüftetes Dolinengebiet, das im wesentlichen durch den Einsturz von Karsthöhlen entstanden ist. Mitverursacht wurden die Einbrüche durch das Schürfen nach Eisen bis ins 19. Jahrhundert. Durch das dichte Blätterdach des Perlgras- und Hainsimsen-Buchenhochwalds dringen nur einzelne Strahlenbündel zu den bizarren Kalkfelsen, Türmen und Rippen, phantastische Lichtspiele erzeugend. Früher konnten Kinder im griffigen Kalk erste Kletterversuche unternehmen, heute ist das Felsenmeer gesperrt, wir benutzen daher den **Panoramaweg**. Mit *x* taucht er am Parkplatz unter die Buchen, von Anfang an den Blick freigebend auf die turmartigen Kalkblöcke, kellerartigen Lücken und brunnenähnlichen Vertiefungen des **Paradieses**, wie das erste und vielleicht eindrucksvollste Felsenmeer-Teilstück heißt. Wo sich der Weg hinabzusenken beginnt und erste Häuser auftauchen, gehen wir rechts hinauf, um einen Blick in das **Große Felsenmeer** zu werfen; am Waldrand fällt der Blick auf Hemer. Nach Umrunden des Großen Felsenmeers zieht *x* zur **Heinrichshöhle** hinab, die im Rahmen einer Führung besichtigt werden kann. Die Tropfsteinhöhle, benannt nach ihrem Entdecker Heinrich von der Becke (1812), enthielt zahlreiche Knochen von Eiszeittieren, darunter das ausgestellte Skelett eines Höhlenbären. Nach der Höhlenbesichtigung kehren wir mit *x* zurück zum Waldrand und wählen rechts den Waldsaumweg *A8* am **Kleinen Felsenmeer**. Schon bald fällt der Blick rechts hinüber auf den Balver Wald mit dem Stephanopeler Tal (Tip für Fahrradtouren, da durch ein Sträßchen erschlossen; aber auch gut für Wanderungen), dann ist der Ausgangspunkt wieder erreicht.

Säulen und Blätterdach einer Buchenkathedrale schirmen das Felsenmeer.

46 Weißenstein – Raffenburg – Hünenpforte

Kalkberge und Wälder hoch über der Lenne

Talort Hagen: Am äußersten Westrand des Sauerlands breitet sich zwischen Lenne und Volme oberhalb von deren Mündung in die Ruhr die kreisfreie Stadt Hagen aus (106 m, 208 000 Ew.), Industriestadt mit Westfälischem Freilichtmuseum Technischer Kulturdenkmale.
Ausgangspunkt: Parkplatz (165 m) 1 km östlich der Sauerlandlinien-Autobahnausfahrt Hagen-Süd Richtung Hohenlimburg; auch die anderen auf der Karte eingezeichneten Ausgangspunkte eignen sich gut.
Gehzeit: 4 Std. (13 km) Rundwanderung.
Anstiege: 400 Höhenmeter.
Einkehr: Märchenwald (10 km).

Links der unteren Lenne lohnen natur- und kulturdenkmalgeschmückte Riffkalkstotzen der Begehung, einige sind leider straßenlärmbelästigt. Nach Queren der Straße *Zur Hünenpforte* leitet die für Nichtanlieger gesperrte *Schmalenbeckstraße* zwischen Wald und Wiese aufwärts, bis *x9* ostwärts in den Wald taucht, den **Mastberg**-Gipfel (247 m) umgeht und stellenweise mit guter Aussicht, vorbei an den **Drei Buchen** (vom Sturm gekippt), in Mischwald zum NSG Weißenstein hinüberleitet. Mächtige Buchen schmücken den **Weißenstein** (189 m), der nach Osten in gewaltigen Kalkwänden (»weißer Stein«) zur Lenne abbricht, leider aber auch Aussicht bietet: auf die Industrielandschaft jenseits des Flusses. Am Südwestfuß des Bergs schließen wir uns wieder *x9* an, wobei beim Queren der Straße der Blick halblinks-oben auf das Felstor der Hünenpforte trifft. *x* durchzieht auf einer Spielstraße den kleinen Ort **Holthausen**; wenn *x* abzweigt, gehen wir auf dem Talgrund geradeaus, bald zwischen blumengeschmückten Wiesen und Wald, bald still im Wald. An einer Rodung mit Häusern knickt *A6* scharf links hinauf und leitet auf dem bewaldeten **Egge**-Rücken (319 m) lennewärts, zuletzt am Hang mit Blick auf Schloß Hohenlimburg jenseits des Tals, ehe die Ausflugsgaststätte **Märchenwald** erreicht ist; wer die auf 25 000er Karten als Kulturdenkmal eingezeichnete »Franzosenschanze« oberhalb der Gaststätte sucht, findet so gut wie nichts mehr. – Von der Gaststättenzufahrt zweigt *A7* zu den Ruinen der limburgischen **Raffenburg** auf dem **Raffenberg** (237 m) ab, 1288 vom Grafen von der Mark erobert und zerstört; bis zu lotrecht stürzt der Berg ins Lennetal ab, aus dem Verkehrsgeräusche heraufdringen. Von den Ruinen leitet Rundwanderweg *A7* zurück zur Gaststättenstraße, die in den wiesenbedeckten Sattel zwischen Raffenberg und Hünenpforten-Naturschutzgebiet führt. In stattlichem Buchenwald kraxeln wir zur **Hünenpforte**, einem efeuumrankten, natürlichen Felstor; einst muß das Tor Sonnenaufgangsblick geboten haben, heute ist die Aussicht ähnlich der vom Weißenstein; es gibt viel zu entdecken (Höhlen, Gänge), in steilem Gelände (Absturzgefahr). Zurück am Sträßchen, gehen wir nach Holthausen hinab und unten mit *x* links, bis *x1* rechts abzweigt und zum Ausgangspunkt zurückführt.

Baum-Individuen am Rand des Weißenstein-Buchenhochwalds; 1. Januar.

Arnsberger Wald

Zwischen der Ruhr und ihrem wichtigsten rechten Nebenfluß, der Möhne, runden sich am Nordrand des Sauerlands die Rücken des Arnsberger Walds mit schmalen Tal- und Wiesengründen und zauberhaften Buchenhochwaldresten. Am Nordrand weitet sich der Möhnesee, das neben dem Biggesee bedeutendste Wassersportzentrum des Sauerlands. Dankenswerterweise wurde die B 516 vom Nordufer des Möhnesees wegverlegt; sie folgt nun dem Rücken des Haarstrangs.

Sonnenuntergang über dem Möhnesee.

Am Südfuß des Waldes liegt auf Bergspornen neben einer Ruhrschleife die Stadt Arnsberg (212 m, 78 400 Ew.), einst Sitz eines der mächtigsten Grafengeschlechter Westfalens, heute Luftkurort und wirtschaftlich bedeutendste Stadt im Hochsauerlandkreis sowie Verwaltungssitz des nordrhein-westfälischen Regierungsbezirks Arnsberg. Während der Auseinandersetzungen mit den Erzbischöfen von Köln verlegten die Grafen von Werl ihre Residenz um 1100 von der Hellweg-Stadt Werl nach Arnsberg ins mittlere Ruhrtal und nannten sich fortan Grafen von Arnsberg. Ihr Machtbereich schrumpfte mehr und mehr, bis 1386 Graf Gottfried die Grafschaft dem Kölner Erzstuhl verkaufte, um sie nicht in die Hände des feindlichen Grafen Engelbert von der Mark fallen zu lassen. Nach der Auflösung der geistlichen Fürstentümer fiel Arnsberg 1803 mit Westfalen an Hessen-Darmstadt, nach dem Wiener Kongreß (1815) an Preußen. Das **Sauerland-Museum** in Arnsberg vermittelt einen Einblick in die Geschichte des kurkölnischen Sauerlands und des Herzogtums Westfalen.
Von Neheim-Hüsten (200 m), wo die Möhne unterhalb von Arnsberg nach 57 km langem Lauf in die Ruhr mündet, steigt der Arnsberger Wald in der Schere zwischen den beiden Flüssen rasch auf und zieht ostwärts, eine Kammhöhe von 500 m erreichend, wobei die kleine Siedlung Breitenbruch als einzige Rodung das Waldkleid lichtet. Der Arnsberger Wald endet vor der Rodungsinsel der Stadt Hirschberg, doch der »Naturpark Arnsberger« Wald erstreckt sich weiter nach Osten bis zum Möhnetal. Die Möhne entspringt als Aa auf der Briloner Hochfläche.

47 Möhnesee – Hevearm – Neuhaus – Rennweg

Möhnesee-Wanderung

Talort Delecke: Am Südfuß des Haarstrangs liegen die Reste des Dorfs Delecke (230 m, 1000 Ew.), das bei der Aufstauung des Möhnesees 1913 zu zwei Dritteln im Wasser versank. Ein Strandbad mit Bootsverleih und Liegewiesen findet sich an der Uferstraße Richtung Sperrmauer. Bemerkenswert: die sagenumwobene, in ihrer ursprünglichen Bedeutung umstrittene Drüggelter Kapelle (12. Jh.).
Ausgangspunkt: Bushaltestelle (220 m) an der Möhnesee-Sperrmauer westlich von Delecke.

Gehzeit: 5 Std. (20 km) Fast-Rundwanderung plus ein Stück mit dem Ausflugsdampfer. Verkehrt der Dampfer nicht, gibt es zwei Möglichkeiten: Kurz Schwimmen (nur 500 m, wasserdichten Sack für Ausrüstung mitnehmen) oder am Torhaus den Hevedamm Überschreiten und am Ufer zurück.
Anstiege: Unter 200 Höhenmeter.
Einkehr: Ausgangspunkt (0 km), Wilhelmsruh (12 km), Neuhaus (13 km), Torhaus (18 km).
Rad: Fahrrad bis Neuhaus gut möglich.

Der Möhnesee läßt sich zu Fuß auch ganz umrunden, aber Spaß macht das nicht, auch mit dem Fahrrad ist das wegen der zahllosen Straßen stellenweise scheußlich. Die vorgeschlagene Wanderung folgt dem autofreien, naturschönen Hevearm. Es ist zu empfehlen, früh am Morgen aufzubrechen, da sich die Wege bei schönem Wetter rasch stark beleben.
Nach Überqueren der **Staumauer** – während des Hitler-Kriegs zerstörten britische Bomber 1943 die Mauer und lösten eine Flutwelle aus, mehr als 1100 Menschen starben – folgt der asphaltierte *m*-Weg dem bewaldeten, von Buchten durchbrochenen Südufer des Sees. Der **Hevearm**, wo der Eisvogel brütet, sich Lachmöwen und Bläßhühner tummeln und bis zu 20 000 gefiederte Wintergäste beobachtet werden, ist wegen seiner Vogelwelt als

Möhnesee im Sommer – motorbootfreies Bade- und Wassersportparadies.

Naturschutzgebiet ausgewiesen, die zum Baden verlockende Uferzone darf nicht betreten werden. Am **Hevedamm** zieht *m* kurz an der gefährlichen B 229 entlang, quert sie, taucht pfadartig in herrlichen Wald und schlängelt sich auf breitem Weg am Rand der **Kleinen Schmalenau** zum ehemaligen **Jagdschloß St. Meinolf** (1891), jetzt Forsthaus. Hier verlassen wir m und gehen rechts auf dem Anliegersträßchen heveaufwärts, queren hinter dem Zeltplatz **Wilhelmsruh** eine Straße und halten weiter heveaufwärts bis zur Brücke in **Neuhaus** (240 m); wer die Hevebrücke überschreitet, findet einen Rastplatz mit Bänken an der Heve und dahinter eine Einkehrmöglichkeit, ansonsten steigen wir nicht unsteil mit *A6* bzw. auf einem Holperweg in den Wald hinauf und treffen an »Höhe 333« auf den **Rennweg**. Er leitet auf dem Rücken zwischen Heve- und Möhnetal zum See zurück, stellenweise in jenem prächtigen Buchenhochwald, für den der Arnsberger Wald berühmt ist und den es tatsächlich noch gibt, wobei unklar ist, wie lange noch.

48 Hevetal – Rennweg

Durchs wilde Hevebachtal auf den Rennwegkamm

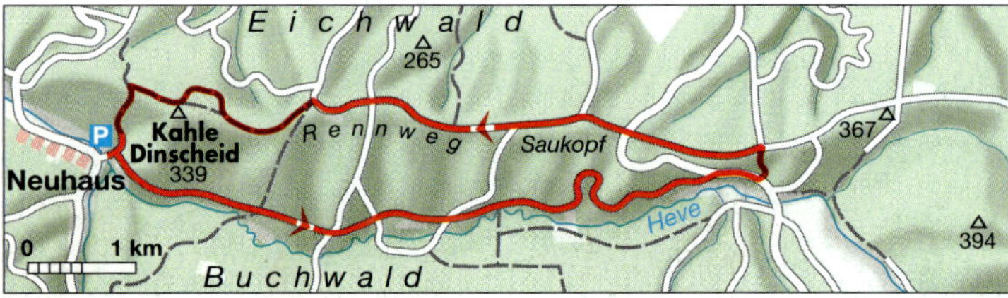

Talort Neuhaus: Im unteren Hevetal liegt abseits des Möhneseerummels im Herzen des Arnsberger Walds das aus wenigen Häusern bestehende Dorf Neuhaus (241 m) in der Gemeinde Möhnesee; es wurde um 1800 als Waldarbeitersiedlung gegründet.

Ausgangspunkt: Wanderparkplatz An der Heve (241 m) in Neuhaus.
Gehzeit: 4 Std. (15 km) Rundwanderung.
Anstiege: 200 Höhenmeter.
Einkehr: Neuhaus (0 km).

Das unbesiedelte, abgeschiedene, naturschöne mittlere Hevetal ist eines der zauberhaftesten Waldtäler im Sauerland; ein unbequemer Holperweg, von dem aus es viel zu entdecken gibt, erschließt es; auf dem bequemen Rennweg hingegen, der auf dem Kamm zwischen Heve und Möhne zurückleitet, wird gejoggt, geritten, mountaingebikt und massengewandert.

Nach Überschreiten der **Heve** auf der Holzbrücke weist das Flüßchen die Route. Ein Treckerweg führt neben Talwiesen an einem **Grillplatz** vorbei, taucht in (Fichten-)Wald, während zwischen den Bäumen das unbegradigte Flüßchen blitzt und Fast-Auwald-Schleifen umfließt. Nach Queren eines Asphaltwegs begleiten riesige Kiefern (eine mit 2,83 m Umfang), knorrige Eichen stehen am Rand des Gras- und Matschwegs, überall Moose, Gräser, Kräuter und Licht, man kann die Füße in den Bach strecken, in die Wolken schauen und die Waldvögel zwitschern hören. Bei einer Rodung mit zwei Hütten mündet der schöne Weg auf den Forstweg *A11*; bequem wechselt der in den Hang, wo Ameisen gewaltige Nester gebaut haben, tritt hoch über der Heve aus dem Wald und bietet weiten Blick auf die Rodungen um Hirschberg. Die Straße, die nun den Waldfrieden stört, ist zu queren, auf der linken Straßenseite geht es kurz und gefährlich abwärts, bis *A11* abzweigt und die Kammhöhe erklimmt. Dort stehen am Rennweg Sitzbänke vor einem stechpalmenflankierten Marterl (von 1794), aber besser läßt es sich auf Baumstümpfen am Kahlschlag kurz westlich rasten, denn dann hocken wir nicht so aussichtslos an der Wegekreuzung und genießen den herrlichen Blick auf Hirschberg und den Plackweg-Höhenzug bzw. nach Osten auf den Haarstrang mit den Windrädern. Der **Rennweg**, der von den Römern angelegt worden sein soll, zieht nun hügelauf und hügelab westwärts: Am

Vom Rennweg fällt zwischen Marterl und Eisenberg der Blick auf die Stadt Hirschberg mit der Kirche auf der Spitze des Hirschbergs.

Wanderparkplatz »Eisenberg« quert er die Straße; hinterm Saukopf stockt möhneseitig herrlicher Buchenhochwald (eingezäunt), dann heveseitig uriger Kiefernmischwald; ein Blechhaufen begegnet am Wanderparkplatz »Rißmecke«, ehe bei Höhe 334 kahlschlagbedingt der Blick noch einmal aufs Hirschberger Kirchlein schweift; nun schlenkert der Weg rechts an den Rand eines Buchenhochwalds und folgt dann Gasleitungspfählen bis »Höhe 333« = P 334 der topographischen Karte (Sitzbank mit Mülleimer); hier zweigt *A6* links ab und springt auf unbequemem Waldweg, meist unter hohen Buchen und Kiefern, zurück zum Ausgangspunkt.

49 Hirschberg – Plackweg – Bilsteinhöhle

Genußreicher Wald-, Wiesen- und Aussichtsspaziergang

Talort Hirschberg: Auf einer Rodung mitten im Naturpark Arnsberger Wald liegt im Kreis Soest der von mittelalterlichen Bauten geprägte Erholungsort Hirschberg (360 m), Teil der Stadt Warstein.
Ausgangspunkt: Waldfreibad Hirschberg (360 m) am südöstlichen Ortsrand.

Gehzeit: 7 Std. (29 km) Rundwanderung.
Anstiege: 550 Höhenmeter.
Einkehr: Stimmstamm (5 km), Bilsteinhöhle (22 km).
Variante: Mit Kindern ist in Verbindung mit den Bilsteinhöhlen der Waldlehrpfad um die Kahlenbergsköpfe zu empfehlen (5 km).

Höhepunkte dieser Wanderung sind die Aussichtsstellen am Plackweg, das weite Wiesenland bei Warstein und das Bilsteintal mit seinen Höhlen und bizarren Kalkfelsen. Im Winter ist der Plackweg als Skiroute zu empfehlen.
Am **Waldfreibad** in Hirschberg vertrauen wir uns der Markierung *x1* an, die dem Bächlein Bache aufwärts folgt, den Brandenberg überschreitet und sich zum **Hamorsbruch** hinabsenkt, einem bis zu urwaldartig unberührten Bruch, aus dem der Bilsteinbach herausfließt: Er hat weiter unten die Bilsteinhöhlen ausgewaschen. Oberhalb des Bachs quert die Markierung *x1* an der Gaststätte **Stimmstamm** – benannt nach einem Baum, der die Grenze Warstein / Eversberg / Marsberg markierte – die B 55 und wechselt auf den **Plackweg**, einen Höhenweg, der mit erstklassigen Aussichtsstellen aufwartet. Auf dem Gemeinheitskopf findet sich ein Schutzhütten-Rastplatz, wenig

Blick von der Nuttlarer Höhe auf die Berge des Hochsauerlands.

später erreichen wir die **Nuttlarer Höhe**. Hier folgen wir der Markierung *Raute* in das stille Tal der Lörmeke hinab, die bei einem Schnadestein auf einer Stegbrücke überquert wird. Nach Überschreiten einer Höhe weitet sich dann das zauberhafte Kalksteinland rund um Warstein.

Nach Passieren eines Wanderparkplatzes zweigt von der Parkplatzzufahrt ein mit *Kreis* bezeichneter Weg links ab, taucht als Pfad unter Buchen, leitet in das Tal des Langen Bachs und umrundet dann das Gelände der modernen **Brauerei Warsteiner** (kann besichtigt werden). Von der Brauereizufahrt folgen wir dem zuweilen verblichenen *Kreis*-Zeichen über die B 55 und lassen uns durch ein sehr schönes Waldgelände zu den **Bilsteinhöhlen** führen: Zuerst trifft der Kreis auf ein **Wildgehege**, dann auf den **Bilsteinfelsen**; für die Besichtigung der berühmten Tropfsteinhöhle muß Eintritt bezahlt werden. Die Bilsteinhöhlen wurden 1887 bei Wegearbeiten entdeckt, doch Funde belegen, daß die Höhlen schon Jahrtausende vor dieser Wiederentdeckung bekannt waren und zu kultischen Zwecken genutzt wurden. Gefunden wurden Steinwerkzeuge aus Kieselschiefer und Feuerstein, verschiedene Menschenschädel, Knochenreste von Wildpferd, Ren und anderen Tieren. Sogar noch im frühen 19. Jh. war die Höhle bekannt, wie die in eine Höhlenwald eingeritzten Namen Metternich, Haxthausen und Brenken, versehen mit den Zusatz »14. März 1813«, belegen: Während der Napoleonischen Kriege hatten die drei Herren hier Zuflucht gefunden.

Am Gaststättenparkplatz queren wir die Straße und folgen dem Waldlehrpfad mit der Markierung *A2* rechts hinauf, bald mit weitem Blick hinab auf Warstein, hinter einer Schutzhütte dann über die Höhe der Kahlenbergsköpfe. Wo *A2* an einer Spielwiese links will, folgen wir der Markierung *A6* geradeaus und erreichen wieder den Ausgangspunkt.

50 Kiepenkerlweg – Möhnesee

Radwanderung von der Börde über den Haarstrang zum Möhnesee

Ausgangspunkt: Südöstlich von Soest liegt das Dorf Elfsen (150 m), zu erreichen Autobahn-Ausfahrt Soest-Ost Richtung Möhnesee und erste Straße rechts bis zu den Radweg-Schildern am westlichen Ortsrand.
Fußwanderung: Wer es kürzer haben will, geht bei Echtrop los, begleitet von landwirtschaftlichen Lehrtafeln und mit guter Aussicht.
Fahrzeit: 3-4 Std. (30 km) hin und zurück.
Anstiege: Gut 200 Höhenmeter.
Einkehr: Am Heckenkamp.

Der Kiepenkerlweg ist eine aussichtsreiche, bequeme und dank der Autofreiheit einzigartige Radwanderstrecke: für Genießer eine beschauliche Tour, für Ungeübte ein interessanter Test, für Verliebte ein Ausflug mit Zweisamkeit-im-wogenden-Kornfeld-Möglichkeiten, für Bergstiefel-Wanderer eine Fehl-am-Platz Angelegenheit, für alle aber wartet als i-Tüpfelchen das erfrischende Bad im Möhnesee. Benannt ist der Weg nach dem Kiepenkerl-Expreß, einer Kleinbahn, deren Trasse nach der Stillegung asphaltiert wurde. An den Straßen, die der Kiepenkerlweg quert, finden sich Schranken: Familien mit Kindern begrüßen diese Stopper, für Rennraser sind sie nichts.
Der Weg führt in offener Feld- und Wiesenflur durch die fruchtbare Börde in kaum wahrnehmbarem Anstieg zum **Haarstrang** hinauf, wo sich Blick zurück auf die Türme der

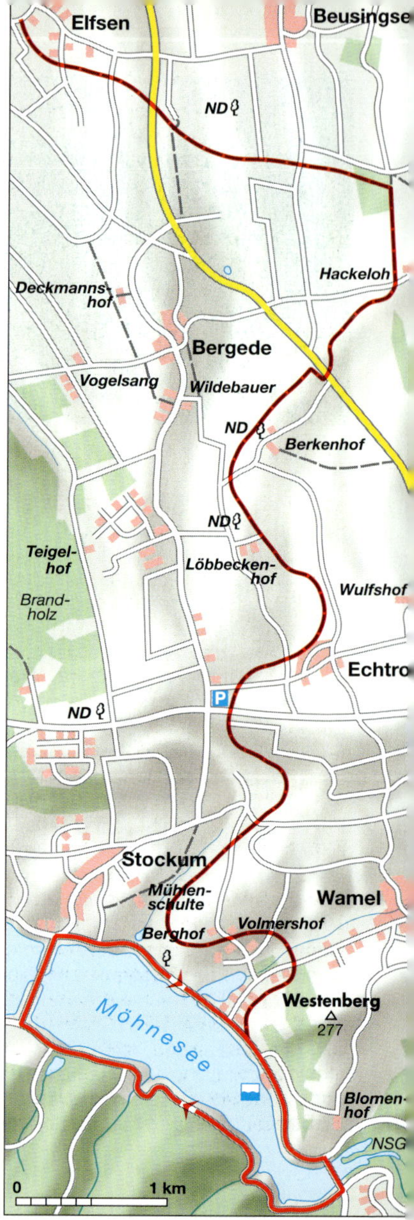

Goldene Kornfelder, grüner Wald: die Börde am Kiepenkerlweg.

alten Hellweg-Stadt Soest bietet. Von der Gaststätte **Heckenkamp** sausen die Räder dem Möhnesee entgegen, vorbei am **Strandbad Wamel**, bis die schöne **Wameler Kanzelbrücke** zwischen dem Stausee und der Möhne erreicht ist. Hier verlassen wir den Kiepenkerlweg und halten uns ans Südufer des Sees. An der ersten Brücke, der **Stauschleuse**, überfahren wir das Wasser, falls wir nicht ein Stück westlich der Brücke baden und am Strand liegen wollen, und kehren am Nordufer – gefährliche Straße – zum Strandbad zurück, wo wieder der Kiepenkerlweg empfängt und zum Heckenkamp zurückleitet: Dort wird an Sommerabenden im Freien gegrillt, ehe wir mit Blick auf Soest und die Börde gemütlich nach Elfsen zurückrollen.

Stichwortregister

Die Zahlen hinter den Begriffen verweisen auf die Seiten.